교사, 교육과정을 만나다

정광순 김세영 옮김

Miriam Ben-Peretz 지음

강현출판사

서 문

Lee S. Shulman, Stanford University

우리는 교육과정curriculum과 수업teaching을 마치 '뜨거운 것 : 차가운 것' '전쟁 : 평화' '슬픔 : 기쁨'처럼 서로 상이한 것으로 다뤄왔다. 교육과정은 교과들로 구성되어 있는 문서이다. 이런 교육과정을 구현하는 것이 수업이다. 따라서 수업은 상호작용을 하며, 즉시적이고, 이야기꺼리가 되며, 자연발생적이다. 수업은 계획적이기도 하지만 대부분 수용적이며 반응적이다. 교육과정을 수업과 정당하게 구분할 수 있을 때 더 이상 이 둘을 서로 혼동하지 않을 것이다.

어떤 학자들은 교육과정이 우리가 생각하는 것처럼 그렇게 항상 명명백백하지 않다고 한다. 즉 그들은 교육과정을 잠재적이라고 하며, 그래서 교육과정이란 학생들에게 암암리에 영향을 미치는 것이라고 본다. 또 어떤 학자는 교육과정을 가르치려고 계획 한 것이 아니라, 가르친 것이라고 한다. 수업을 통해서 가르친 것, 실행된 것을 교육과정으로 본다. 이런 의미에서 교육과정은 교과서나 교사가 작성한 학습지도 매뉴얼이 아니라 교실에서 행한 것, 그것이다.

Miriam Ben-Peretz는 교육과정을 교사의 입장에서 인식한 독보적인 학자이다. 그녀는 교사 교육(preparation)이나 교육과정 수업에 대한 교사의 전문성 개발에 관심을 가졌다. 그녀는 지난 15여 년 동안 "교육과정 가능성"curriculum potential이라는 용어로 이 문제를 탐구 해 왔다. 그녀는 교육과정과 수업, 이 둘은 서로를 지원하며 보완하는 관계로 보아야 한다고 주장한다.

Ben-Peretz에게 교육과정은 교사라면 누구나 사용하는 것이고, 사용해야 하는 것이다. 즉 교육과정은 수업을 통해서 실현된다. 교육과정을 수업으로 다시 만들어야 한다. 수업만으로 교육과정을 규정할 수 있는 것도 아니고, 교육과정만으로 수업을 규정할 수 있는 것도 아니다. 다시 말해서 교사는 교육과정을 가지고 수업할 수 있어야 한다. 따라서 교육과정은 수업 설계 자료이며, 또 교사는 수업을 통해서 교육과정을 만들기도 한다.

이 책은 Joseph Schwab의 생각을 존중하며 그의 이론을 배경으로 했다. Schwab은 교육과정 개발에 대한 숙의(practical deliberation in curriculum development)연구를 통해서 교육과정이 복잡하다는 것을 밝혀냈다. 그래서 교과를 중심으로 교육과정을 개발하는 것을 넘어서서 다원적이고 다양한 교육과정 개발이 필요하다고 강조했다. 그러나 Schwab은 교사가 교육과정을 어떻게 다루는지에 대해서는 자세히 다루지 않았다. 이런 점에서 Ben-Peretz의 연구는 Schwab의 연구를 구체적으로 발전시키고 있다.

이 책은 교육과정을 중심으로 한 교사교육과 교육과정에 대한 교사의 전문성 문제를 다루고 있다. 교사는 교육과정을 예리하게 비평하고, 분석하고, 실행하는 사람이어야 한다. 교사는 교육과정을 수업의 원천으로 이해해야 한다. 엄격하게 말해서 그 자체로 딱 맞는 교육과정이란 없다. 왜냐하면 교육과정은 학생, 교사, 상황이 서로 얽혀 만들어 내는 수많은 다양성에 대처할 수 없기 때문이다.

그렇다고 교사가 이 모든 상황에 맞는 교육과정을 만들 수 있는 것도 아니다. 따라서 교육과정은 교사의 공조를 필요로 한다. 교사는 교육과정의 가능성을 찾아서 그것을 학생에게 적절하도록 조정하면서 최적의 교육과정을 만든다. 이런 일을 어떻게 할 수 있는가? 이런 교사를 개인적으로 혹은 집단적으로 양성할 수 있을까?

이 책의 내용은 수업 전문성(teaching profession)과도 관계가 있다. 수업은 지역이나 국가 수준에서 제시하는 교육과정을 다루기 때문이다. 교사가 교육과정 전문가라면 교육과정을 존중하고 주의 깊게 다룰 것이다. 교사는 자신이 가진 교과나 학생에 대한 지식을 통해서 교육과정의 가능성을 실천해 간다. 이런 전문적인 교사가 되어 보자. 이런 교사교육을 받은 전문적이고 열정을 가진 교사가 교육과정의 가능성을 숙고하고 실천할 수 있다.

나는 지난 15년 동안 Miriam Ben-Peretz에게서 이런 이야기를 들었다. 우리는 비슷한 연구를 하는 학자일 뿐만 아니라 동료이자 친구이다. 그래서 이 책의 서문을 쓰는 것이 나에게는 영광이자 기쁨이다. 이런 내용을 교육과정 개발자, 교사, 교사 교육자에게 알릴 수 있어 다행이다.

도움을 주신 분들

이 책은 교육과정 개발에 참여한 교사들의 도움을 받았습니다. 학교에서, 대학원에서 이 팀원들과 함께 할 수 있었던 점, 교사와 교육과정의 만남에 대한 그들의 의견에 대해 감사를 표합니다.

또 이 책이 나오기까지 아낌없는 용기와 조언을 준 동료들이 있는데, 특히 Ednoun C. Short 감사합니다. 온타리오 교육부의 Michael F. Connelly와 나눈 교육과정에 대한 이야기도 많은 도움이 되었습니다. 미시간 주립 대학의 Sharon Feiman-Nemser 교수, 켈거리 대학의 Jean D. Clandinin 교수, Tel-Aviv 대학의 Moshe Silberstein 박사, Haifa 대학의 Margot Lifmann에게도 감사를 드립니다.

교육과정을 공부하도록 나를 이끌어 준 the Hebrew 대학의 Seymour Fox 교수님에게 깊이 감사드립니다. 책 제목과 서문을 써 주신 Stanford 대학의 Lee S. Shulman 교수님에게도 감사의 인사를 드립니다.

이 책을 편집해 주신 Lois G. Patton, 뉴욕 대학 출판부 편집장인 Christine M. Lynch에게도 감사드립니다.

편집, 타이핑, 검토에 노고를 아끼지 않은 Anat Zajdman, Sabina Sxaikowski, Miriam Dembo에게도 감사드립니다.

마지막으로 남편 Moshe Ben-Peretz의 배려와 지원에 고마움을 전합니다.

도 입

> "아, 교사가 되었는데
> 지금 나는 멍하기만 하네."
> Jane Hope, Scholarship at Sake, 1953, p. 102

수업Teaching은 교과서나 지도서 같은 교육과정 자료curriculum materials에 의존한다. 교실에서 교사는 수많은 역할을 하는데, 학생을 관찰하고, 가르치고, 질문하고, 평가하고, 학급을 관리하는 일을 한다. 이러한 것들이 바로 교사가 교육과정을 사용하는 모습들이다. 이런 일과 관련하여 교사는 교육과정 자율성을 발휘한다. 예를 들어, 교사는 사용할 교재(교수학습 자료)를 스스로 선택한다. Jackson(1968)에 의하면, 교사의 이런 권리를 침해 받을 여지가 있을 때 강하게 대응하는 것을 발견했다. 또 대부분의 교사들이 교과서를 사용하지만, 교과서 개발에는 거의 참여하지 않는다는 연구 보고도 있다(Goodlad 1984; Jackson 1986). 이런 상황에서 학생의 요구를 교과서와 같은 교육과정 자료에 반영하는 데에는 한계가 있다.

교사가 자주 사용하는 교육과정 자료로는 교과서, 활동지, 지도안 등이 있다. 이런 자료와 교육과정은 어떤 관계에 있을까? Connelly

와 Clandinin(1988)은 교육과정을 "어떤 상황에서 하는 경험"으로 정의한다(p. 6). 이 경험이란 "우리가 '교육과정 자료'라고 부르는 것들과 상호작용이다. 왜냐하면 학생은 교육과정을 경험함으로써 학습하고, 따라서 학습은 곧 교육과정 자료와의 상호작용이라고 할 수 있다(p. 137). 교사는 수업을 통해서 학생이 교육과정 자료와 상호작용하도록 하는데, 이를 위해서 교사는 교육과정을 설계하고, 조직한다. 교육과정 자료는 교사가 수업에서 늘 사용하는 "교재"text 이다. 이 "교재"를 읽고 해석하는 방식은 교사마다 약간씩 다르다.

이 책의 중요한 아이디어는 바로 교육과정 자료이고, "교재"에 대한 것이다. 자료나 교재는 개발자의 의도를 담고 있고, 교사는 수업의 목적과 상황이 요구하는 것을 반영하여 자료나 교재의 본래 개발 의도를 넘어서서 다룬다. 이런 것이 *교육과정 가능성*의 영역이다. 교사는 교육과정 자료를 특정 학생이나 특정 교실에 맞추면서 교육과정 가능성을 확장한다. 따라서 이런 일에 필요한 지식과 전문성을 갖추어야 한다.

이 책은 교육과정 자료를 전문적으로, 효과적으로 사용하고자 하는 교사를 위해서 집필하였다. 즉, 교육과정을 보다 전문적으로, 보다 성찰적으로 다루고자 하는 교사를 위한 책이다. 이런 점에서 교육과정 컨설턴트, 기관장, 교육과정 개발자에게 필요한 책이다. 이 사람들은 모두 교육과정 자료를 개선해서 교육을 개선하는데 관심을 두고 있다. 이런 사람들이 교육과정 자료를 개발할 때 이 책에서 말하는 '교육과정 가능성'의 문제를 만날 것이다.

마지막으로 이 책의 독자는 교육과정 분야의 학자나 학생들일 것이다. 교사는 교육과정을 결정하는데 참여해야 한다. 따라서 이 책에서는 교사, 학생, 그들이 사용하는 교육과정 자료 사이에서 발생하는 복잡한 관계를 다루고 있다.

이 책에서는 주로 다음과 같은 이슈를 다루고 있다.

1. 교사는 교육과정 자료나 "교재"를 만들 때 여러 가지 역할을 한다.
2. 교사가 적절한 교육과정 자료를 사용하려면 그것을 선정할 자율권이 있어야 한다.
3. 교육과정 자료를 사용할 때, 그것은 개발한 사람의 예상을 넘어서는 풍부하고 수많은 가능성을 발휘한다.
4. 수업을 계획하는 과정에서 교사는 교육과정 자료를 해석하고, 교육과정 가능성을 드러낸다.
5. 교육과정을 해석한다는 것은 수업에 대한 교사의 견해를 밝히는 것이며, 교실의 요구를 반영하는 것이다. 교사가 교육과정에 대한 자신의 "견해"를 정하면, 주어진 교육과정을 교실에서 융통성 있고 창의적으로 사용할 수 있다.
   이렇게 할 수 있을 때 교사는 교육과정이나 교육과정 자료로부터 "자유"로울 수 있다.
6. 교육과정 해석은 교사에게 교육과정 문해력curriculum literacy을 요청한다. 교사가 교육과정을 해석할 때는 일정한 기준(기준을 갖추고 있는 도구)을 적용해야하기 때문이다.
7. 외부로부터 수시로 일어나는 교육과정 개정에 대처하려면, 즉 개정의 횟수를 줄이거나 시기를 늦추는 등의 대처를 하려면, 교사는 교육과정 가능성을 실천해야 한다. 왜냐하면 교육과정 개정은 궁극적으로 변화에 맞추자는 요구이며, 교사가 교육과정 가능성을 실천한다는 것은 교사가 교육과정을 개별화하기

나, 변화나 상황에 맞는 교육과정 자료로 만들어서 사용한다는 것을 의미하기 때문이다.

8. 교사는 교육과정 자료를 개발하거나 적절하게 사용함으로써 고정적인 교육과정을 유연한 교육과정으로 만든다. 이렇게 해서 새로운 교육과정이 주는 막연한 불안감을 줄인다.

8개의 이슈들을 한 마디로 요약해 보면, 교육과정 가능성 영역에서 교사의 역할이 중요하다는 것이다. 교사는 주어진 교육과정을 관련 상황, 여건을 고려하여 교육과정에 대한 자신의 견해(이해, 설명, 해석)를 정하고, 이를 반영하여 교육과정을 다시 조직하여 자신의 교육과정 자료를 만든다.

1장에서는 두 개의 사례를 제시하였다. 하나는 교사가 주어진 교육과정 자료를 사용하는 사례이고, 다른 하나는 교사가 교육과정 자료를 개발하여 사용하는 사례이다. 두 사례의 시사점은 어떤 형태로든 자신의 교육과정 자료를 만들어서 사용하는 교사가 보다 능동적이라는 것이다.

2장에서는 교육과정을 정의하고, 교사가 다루는 여러 가지 교육과정 자료에 대해서 좀 더 자세히 다루었다. 교사가 다루는 교육과정 자료는 몇 가지 형태로 구분할 수 있다; 주어진 것 vs 만든 것, 구조적이고 계열성 있는 것 vs 비구조적이고 선택할 수 있는 것, 구체적인 것 vs 일반적인 것; 장기적인 것 vs 단기적인 것. 가능한 한 교사와 관련 있는 모든 형태를 제시하였다.

3장에서는 교사가 교육과정에 대해 어떤 관심을 가지고 있는지를 다루었다. 교육과정 자료에 대해 교사가 알고 싶어 하는 것이 무엇인가? 하는 질문에서 출발했다. 일부 연구들은 교사가 교육과정 자료의 "교과" 측면과 "학생" 측면에 관심을 갖고 있다고 밝히고 있다.

이 장에서는 교육과정에 대한 교사의 관심을 다음과 같이 설명했다;

1. 경계*coverage*의 문제. 교과를 얼마나 깊이 그리고 얼마나 넓게 가르쳐야 하는가? 교사는 이것을 어떻게 정하는가?
2. 충실도의 문제. 수업상황에 맞춰 교육과정 자료를 얼마나 바꿀 수 있는가?
3. 교육과정 자료 개발 문제. 교사는 교육과정 자료 개발에 대한 지식, 능력을 갖추고 있는가?

교육과정 안내서를 분석한 연구들은 교사가 교육과정 개발자로서 해야 할 역할을 규정하고 있다.

4장에서는 교육과정 자료의 성격과 활용 가능성을 다루었다. 이 장에서는 '교육과정 가능성'이라는 용어를 정의하고 이 용어를 정교화 하였다. 교육과정 자료는 개발자의 의도를 넘어서는 해석 가능성을 가지고 있고, 교실에서 다양하게 사용할 가능성이 있다. 또 이 장에서는 교육과정 가능성, 의도하지 않은 결과, 잠재적 교육과정, 영교육과정을 서로 구분해 보았다. 교육과정 자료 개발자로서 교사와 사용자로서 교사가 교육과정 가능성에 접근하는 방식이 기본적으로 어떻게 다른지에 대해서도 살펴보았다. 또한 여기서 교사의 교육과정 해석 능력이 필요하다는 것을 강조했다.

5장에서는 교육과정을 해석하는 방식을 다루었다. 주관적인 해석과 객관적인 해석의 차이, 내재적 분석 기준과 외재적 분석 기준으로 교육과정을 해석하는 것이 어떤 차이가 있는지를 다루었다. *내재적 분석 기준*은 개발자가 진술한 의도나 개발된 교육과정 자료의 성격이다. 외재적 분석 기준은 교육과정 자료 외부의 관점이다. 그리고 이런 기준을 적용해서 해석한 예를 제공하였다. 마지막으로 한 교사의 실행을 통해서 교육과정 가능성을 예시하였다.

6장에서는 교사가 사용할 수 있는 교육과정 해석 도구를 소개했다.

이 도구는 5장에서 구분한 교육과정 분석 및 해석에 대한 주관적 해석과 객관적 해석, 내재적 기준과 외재적 기준을 사용한 것이다. 이 도구는 교과 교육과정 분석이나 해석에 사용 가능하다.

마지막으로 7장에서는 교사교육을 다루었다. 예비교사 교육이나 현직 교사 연수를 통해서 교사는 교육과정을 해석하는 활동을 해보아야 한다. 이것은 교사 권위나 교사의 권한 개념과도 관계가 있다. 교육과정에 대한 교사의 관심을 높이고, 교사의 교육과정에 대한 문해력을 갖추어야 한다는 것에 대해서도 논의하였다.

목 차

교사는 교육과정 자료 개발자인가 사용자인가?

1

교사, 교육과정을 만나다

교사는 교육과정 자료 개발자인가 사용자인가?

1

The Teacher-Curriculum Encounter freeing teachers from the tyranny of texts

"모든 것에는 시너지 효과가 있다"
Paul Dickson, The Official Rules, 1978, p. 30

학교 교육에서 교육과정 자료는 중요하다. 교육과정 자료는 교육 내용 선정, 자료의 성격, 의사결정 형태에 포괄적으로 영향을 미치며, 수업에서는 교사와 학생과 상호 작용한다. 교육과정 자료는 수업의 도구다. 교사는 적절한 자료를 만들어서 교실 상황에 맞춰서 사용해야 하며, 교육과정 자료는 교수·학습을 촉진하기도 하고, 지체시키기도 한다.

어느 학교 급에서나 교과서는 교육과정이 존재하는 가장 보편적인 형태이다(Goodlad, 1984). 학교에서 교사가 하는 교육 활동을 연구해 온 Fullan은 "대부분의 교사는 교과서를 가르친다"고 했다(Fullan, 1982, p. 118). 교사의 수업 계획에서 교과서는 중요한 자료이다. 즉 교사는 교과서 몇 단원을 가르칠지 정하고, 그것을 가르치는데 필요한 시간을 정한다. 교과서와 같은 교육과정 자료를 선정하고, 사용하는 것은 교육과정과 관련해서 교사가 하는 일 중에서 가장 중요한 일이다. 교실 밖에서 교과서 출판사의 주도로 개발한 교과서 등의 교육과정 자료를 사용 할 때, 교사는 그 자료를 있는 그대로 사용할 것인가 혹은 조금 바꿔서 사용할 것인가를 고민한다. 이 장에서는 이 주제를 다룰 것이다.

교사는 교과서와 같이 외부에서 개발한 교육과정 자료를 사용만 하는 것은 아니다. 교사는 국가 수준 혹은 단위 학교 수준 등 다양한 수준에서 개발하는 교육과정 자료 개발에 참여한다.

우리는 주어진 교육과정 자료를 사용하는 사람으로서 교사와 교육과정 자료를 개발하는 개발자로서 교사, 이 두 역할을 검토할 것이다.

아래 두 가지 사례를 통해 교사가 교육과정 자료를 어떻게 만나는지 설명하고 분석하였다. 하나는 외부에서 개발한 교육과정 자료를 사용하는 사례이고, 다른 하나는 교사가 자신의 교육과정 자료를 개발하여 사용한 사례이다.

1. 교육과정 자료 사용자로서 교사

교사의 실행을 통해서 이 사례를 분석해 보자. 외부에서 개발한 교육과정 자료를 사용하고 있는 교사가 이 자료를 어떻게 해석하는지, 그리고 그것을 교실에서 어떻게 사용하는지를 살펴보자(Ben-Peretz and Silberstein 1982).

Ben-Peretz와 Silberstein은 교사가 자신의 교실에서 교육과정 자료를 사용할 때, 그것을 어떻게 변형하는지를 연구하였다. 첫 단계에서 교사는 다음과 같은 쟁점을 다루었다: 교사가 교육과정 자료를 해석할 때 어떤 생각, 원칙, 개념을 사용하는가? 교사가 선택하는 것은 무엇이고, 생략하는 것은 무엇인가? 교사가 강조하는 것은 무엇인가? 교사가 선정한 내용은 학생(사회)에게 어떤 의미가 있는가? 이 교육과정 자료는 학생의 인지적, 정의적 발달 기회를 제공하는가?

두 번째 단계에서 교사는 교육과정 자료, 교과서, 지도서, 시청각 자료를 해석하고 이를 기초로 학습 경험을 조직하였다. 교사는 자료를 수정하거나, 그대로 사용한다. 또 전체 혹은 일부만 사용하기도 한다. 이 장의 사례를 통해서 교사가 교육과정 자료를 사용할 때 어떤 의사 결정을 하는지 밝힐 것이다.

이 사례는 연구에 참여한 교사들이 이미 학교에서 몇 년 동안 가르친 과학 과목의 한 단원이다. 이 단원은 8학년 교과서 식물과 환경(1974)이라는 단원으로, 식물학 내용을 다룬다. 교과서는 주어진 자료 패키지에 들어 있는 것 중 하나로, 이런 패키지는 학생용 교과서, 교사용 지도서, 시청각 자료 등의 수업 자료들을 한 세트로 제공한다.

교과서에는 "감귤류 나무는 물을 아끼는데 도움이 되는가?"와 같은 질문이 들어 있고 2차시 분량이다. 이 단원에서는 식물이 물을 어떻게 흡수하는지를 실험해 보고 이것이 사회경제적으로 어떤 영향을 미치는가를 논의하도록 하고 있다. 국가수준의 교육과정 개발 전문가, 교사, 교과 전문가를 포함한 전문가 팀이 이 단원을 개발하였다.

교사의 교육과정 실행을 분석하기 위해 이 단원을 가르친 교사 중에서 무작위로 20명의 교사를 참여자로 선정했다. 먼저 그들에게 다음과 같은 질문을 하였다:

- 이 단원을 지도하는데 실제로 몇 시간을 썼는가?

- 교사용 지도서에서 제시하는 것을 얼마나 따랐는가?
- 어떤 내용을 강조했는가?
- 이 단원을 가르칠 때 어떤 교수법을 사용했는가?
- 이 단원을 가르칠 때 수업이 일어난 상황, 내용의 위계, 다른 내용과는 어떻게 연계하였는가?

참가한 교사들은 이 단원을 수업할 때 그들이 한 것과 그 이유를 설명했다. 또 자신의 반 학생과 학교에 대해서도 간단히 언급했다. 이런 자료를 분석해보면, 수업이 일어난 상황이나 그 교실에서 교사가 어떤 결정을 했는지를 알 수 있다. 교사가 직접 설명한 이런 보고서는 그들이 수업을 어떻게 인식하고, 그들이 수업을 어떻게 계획하였는지를 알려준다. 자신이 실행한 교육과정을 교사가 어떻게 인식하는가를 분석해보면, 교사의 의사 결정에 대한 '자율성 정도'를 알 수 있다. 또한 교사의 설명에는 교사가 외부에서 만든 교육과정 자료를 사용하면서 그것을 어떻게 변형시키는지를 담고 있다.

① 연구 결과

Fullan(1982)은 "교육과정 실행을 분석할 때 시간을 기준으로 삼았다"(p. 68).

교사는 매일 수업을 언제, 얼마나 할지를 정한다. 예를 들어 이 사례의 경우 교사용 지도서에서는 2시간을 권고하고 있다. 10명의 교사들은 실제로 이 단원을 가르치는데 1~2시간을 사용했다고 진술했다. 그런데 어떤 교사는 같은 단원을 가르치는데 3시간, 4시간 혹은 더 많은 시간을 썼다. 이 단원은 교과서의 첫 단원이기 때문에 가르치는 시간을 늘렸을 것이다. 왜냐하면 단원의 도입 부분에서는 대부분의 교사들이 시간에 쫓기지 않기 때문이다. 또 그들은 교육과정 자료에서 제시하는 것을 다 하려고 하기 때문에 시간을 더 들이곤 한다.

20명 중 12명의 교사가 교사용 지도서를 보면서 수업을 했다고 대답했다. 교사가 자료에 충실했음을 나타내는 것이다. 교사가 강조한 내용은 무엇이었을까? 그들은 학생에게 무엇을 전달하려고 했을까? 우리는 교사들이 교과서에서 어떤 메시지를 읽었는지를 알아봄으로써 이런 것들을 파악했다. 교사의 '메시지'는 학생의 학습 결과나 성취에 영향을 미치며, 이런 '메시지'의 일부는 교육과정 자료에 명확하게 나타나 있는 경우도 있다. 예를 들어 과학적 방법을 학습하는 것이 중요하다는 식으로 진술하고 있는 경우다. 그러나 어떤 자료는 잠재적 교육과정같이 메시지를 직접적으로 드러내지 않는다.

이 사례 단원의 교사용 지도서에서는 4개의 '메시지'를 제시하고 있었다. 연구에 참여한 교사들이 이중 어떤 메시지를 선택하였는지를 분석했다. 분석 결과, 다음과 같은 양상이 나타났다(전체 대비 항목이 차지한 퍼센트다).

1. 물 사용과 관련하여 사적인 것과 공적인 것 사이의 갈등 해결하기 - 29%
2. 단원의 구성요소 파악하기 - 23%
3. 정보에 대한 해석과 해석의 결과를 관련지어 보기 - 23%
4. 실제로 필요한 것인지 판단하기 - 18%

이 4가지 외에 지도서에서는 제시하지 않았지만 교사가 관심을 가진 것이 7% 정도 나왔다.

흥미로운 것은 대부분의 교사는 가르칠 내용과 그것을 가르치는 데 필요한 시간을 자율적으로 정하기보다는 지도서에서 제시한 대로 실행했다는 것이다. 지도서에 없지만 교사가 강조한 것은 7% 정도였다. 교사는 지도서를 넘어서서 어떤 내용을 가르치거나 강조할 수 있고 다양한 내용 중에서 자유롭게 수업 내용을 선정할 수 있다. 그리고 이런 것을 교사의 전문성으로 간주하고 있지만, 실제로 교육과정 자료의 가능성을 적극적으로 구현하지는 않았다.

교사는 지도서에 제시되어 있는 교수법을 넘어설 수 있다. 교사는 이 단원을 가르칠 때 어떤 교수법을 적용했을까? 그것은 교사용 지도서에서 권고하고 있는 교수법과 다른가? 교수법은 지도서에 구체적으로 제시되어 있다. 이 단원의 교사용 지도서에서는 4개의 교수법을 권고하고 있다. 대부분의 교사는 이 4개의 교수법 중 하나를 사용했지만 어떤 교사들은 다른 교수법을 사용하기도 했다. 교사가 지도서에서 제시한 4개의 교수법을 사용한 정도는 다음과 같다.

1. 토의 24%
2. 읽기 활동 24%
3. 개별 학습지 활동 12%
4. 모둠 활동 12%

이 4가지 외에도 교사들이 사용한 교수법으로는 다음과 같은 것들이 있었다:

시뮬레이션(서로 다른 입장을 가진 친구와 토의하기 시뮬레이션),
설명하기(교사가 주제를 안내하는 설명하기),
시각화하기(슬라이드나 시청각 자료 활용하기),
발표하기(관련된 과학 글 내용 소개하기).

비록 교사들이 자신이 선정한 교수법을 추가해서 다양하게 적용한 경우도 있지만(교사용 지도서에서 추천한 4개 외에도 참여 교사들이 수업을 할 때 8개의 새로운 교수법을 추가한 것으로 나타났다), 지도서에 제시하지 않은 교수법을 사용한 비중은 그리 높지 않았다: 지도서의 교수법을 72% 수준에서 사용했고, 교사들이 선정한 교수법을 28% 정도에서 사용했다. 이것으로 볼 때 비록 교사는 교육과정 자료 개발자가 추천한 것을 넘어서기는 하지만 자신이 선정한 교수법을 주로 사용한다고 판단하기는 힘들었다.

수업을 계획할 때 중요한 것 중 하나는 수업 내용을 계열화하거나 다른 것과 연계하는 것이다. 개발자들은 식물학에 대한 동기를 유발하기 위해서 식물학 전반을 안내하도록 설계하였다. 이 내용은 이 단원을 공부하기 위한 선행 지식을 크게 필요로 하지 않으며 다음 단원으로 넘어가는데 필수적인 조건이 되는 것도 아니었다. 때문에 교사는 이 자료를 자유롭게 변형하거나 바꿀 수 있다. 이 연구에 참여한 교사들은 이 단원을 새로운 내용-식물과 물의 관계-과 연계하여 가르쳤다. 그러나 이 교사들은 자료 개발자들이 정해준 내용을 수용하고 있었다. 이런 상황을 Jackson(1986)은 다음과 같이 언급한다: “대부분의 교사는 어떤 자료를 학생에게 가르칠지를 자신이 정하지 않는다. 대신 그들은 출판사에서 제공하는 교과서 자료에 의존한다”(p. 20).

교사들이 교육과정 자료를 왜 바꿀까? 그 이유에 대해 교사들이 설명한 것들을 분류해 보았더니, 아래와 같았다.

1. 절반 이상의 교사들은 학생 때문이라고 답했다: 1/3의 교사들이 학생을 "약자"라고 말했는데 학생에 대한 이런 이미지는 교사로 하여금 자신이 뭔가를 결정해야 한다고 생각하게 만든다.
2. 1/4 정도의 교사들이 자신의 선호 때문이라고 답했다. 교사는 자신이 개인적으로 선호하는 내용이나 방법을 선정한다.
3. 몇 명의 교사는 그 이유를 수업 목표 때문이라고 답했다. 그들이 진술한 것을 보면 "수업 목표와 관련 있다", "진술한 목표로 보면", 혹은 "사회적으로 보면"과 같은 표현을 썼다. 기존의 선행 연구에서 교사는 교육과정 자료를 선정할 때 목표를 고려해야한다고 논의하고 있다(Zahorik, 1975).

② 논의

이 사례의 시사점은 무엇인가? 한 사례이기 때문에 일반화하기는 어렵지만, 사례 연구는 사례 현상에서 중요한 쟁점을 이끌어 낸다(Stenhouse, 1979).

교육과정 실행 분야에서 이런 쟁점 중 하나는 '충실도'fidelity 대 '변용'adaptation이다. Fullan과 Pomfret(1977)은 교사의 교육과정 실행 양상을 구분해서 제시했는데, '충실'의 관점은 교사가 교육과정 개발자의 의도를 파악하여 그대로 실행하는 경향을 말한다. '변용'의 관점은 교실이라는 구체적인 상황에 맞춰 교육과정 자료를 바꾸는 것을 말한다. 식물학 단원을 가르친 교사들 대부분은 지도서의 안내를 따랐지만 수업에 쓴 시간과 구체적인 전략까지 그대로 한 것은 아니었다. 충실하게 해야 한다고 생각하는 교사조차도 수업을 할 때는 직관적으로 판단해서 지도서에 제시하지 않은 교수 전략을 사용하며 시간을 융통성 있게 조정하였다. 이것은 교사가 구체적인 교실 상황에서 학생의 필요를 고려하는 것을 당연하게 생각하고 있다는 있음을 의미한다.

선행 연구에서도 지적했듯이, '충실' vs '변용'의 관점은 교사가 가진 전문성과 관련이 있다. 교사는 교사로서의 자율성이나 전문성에 대해 민감한 편이다. Lortie(1975)에 의하면, 대부분의 교사는 교육과정의 책무성을 지키면서 개인적인 것을 추가하고 싶어 한다고 했다. 이런 자율성이나 전문성은 특히 교수법을 선택하거나 시간을 배정할 때 나타나지만 이런 자율성이나 전문성이 교육과정 자료를 '해석'하는 형태로는 거의 나타나지 않았다.

하지만 여기에서 우리의 관심은 교과서, 지도서, 기타 교육과정 안내 자료를 충실히 따르는 교사가 교육과정에 대한 의사 결정이 부족하다는 것을 지적하는데 있지 않다. 이것보다는 자료를 사용하는데 있어 필수적인 전문 지식을 어떻게 개발해야 하는가가 우리의 관심이다. Rudduck(1987)은 교사가 자료를 적용하고 비평하는 교육과정 문해력이 부족하다고 주장한다. 교사는 지도서에서 명확하게 제시하는 것을 벗어나지 않으려고 한다. 교사가 교육과정 내용을 따르려는 경향은 다른 관점에서도 해석할 수 있을 것이다. 그러나 한 가지 분명한 것은 교사가 지도서의 안내를 따르는 것을 더 선호한다는 것이다. 왜냐하면 그들은 자료를 개발한 개발자나 출판사의 교과서 저자들이 자료에서 제시하는 토픽, 주제, 원리를 자신이 선정한 것보다 더 타당하다고 믿기 때문이나. 교사가 자료에 충실하고자 하는 경향은 교사의 교육과정 해석 능력과 관련하여 생각해 볼 수 있다. 충분히 교육받지 못했거나 교육 경력이 부족한 교사는 자료 개발자나 교과서 저자의 선택을 능가할 수 있다고 생각하지 않는다. 또 교사는 지도서에 단원과 관련된 모든 '해석'이 제공되어 있다고 생각한다. 때문에 자신이 이것을 뛰어 넘어설 수 없다고 여긴다. 이런 생각은 별로 놀랄 일도 아니다.

이 사실을 받아들이자니 참 힘들다. 이 책에서 나는 교육과정 자료가 개발자에 의해 선정된 내용이나 주제보다 더 풍부한 가능성을 지닌 것이라고 주장하고자 하기 때문이다. 교육과정 가능성을 위해서 교사는 교육과정 자료에서 누구나 볼 수 있도록 진술하고 있는 것을 넘어서 직접 '읽는', 일종의 '해석'을 해야 한다.

해석(interpretative skills)이란 교사가 학생이 학습할 수 있도록 해주는 것이다.

그러나 교사가 교재의 권위를 의식하면 교육과정 자료를 다른 방식으로 사용할 가능성은 줄어든다. 교재의 권위에 대한 인식은 교사로 하여금 교육과정 자료를 학생에게 가장 적절한 방식으로 사용할 수 있다는 '교육과정 자료의 가능성'을 제한한다. 이런 교재의 권위로부터 교사는 어떻게 벗어날 수 있을까?

생각해보기

교사, 관리자, 교육과정 개발자, 교육과정 학자는 교육과정 문서, 교육과정 탐구, 교육과정 실행에 복잡하게 참여한다. 당신은 앞의 사례와 비슷한가? 혹은 다른가? 교육과정 내용을 가르치는데 시간을 얼마나 썼나? 자료에서 제시하는 내용을 넘어섰는가? 교육과정 개발자가 제시한 것 이상의 교수법을 사용했는가? 비슷하거나 다르다면 그것을 어떻게 설명할 수 있는가? 교사가 교육과정 자료를 사용하는 방식은 교과교육에 어떤 영향을 미치는가? 또 학생 특성이나 교사 특성은 어떠한가? 교사가 가르치는 교과를 얼마나 숙지하고 있는가 하는 문제가 교실에서 운영하는 교육과정에 대한 '이야기'에 영향을 미치는가?(Gudmunsdottir, 1988).

내용 중심이든 혹은 과정 중심이든 교육과정 자료의 성격은 교사가 자료를 사용하는 방식에 의해 결정된다(Ben-Peretz & Kremer, 1979). 같은 맥락에서 교육과정 자료를 획기적으로 다루다보면 그 자료는 왜곡되기도 한다. 예를 들어, Ben-Peretz와 Kremer는 '듣기' 교육과정 패키지에 대해 연구하였는데, 이 교육과정 패키지는 개인 간 의사소통 기술 개발에 초점을 둔 것이었다. 이 자료에는 문해력과 관련된 내용도 담겨 있었는데 대부분의 교사들은 교육과정 패키지의 목표와 상관없이 이 내용을 학생들이 '학습해야 할 것'으로 인식했다. 그들은 교육과정 혁신을 추구하는 것이 역효과를 낳을지도 모른다고 생각했다. 자료에서 수업 활동을 구체적으로 제시하면 할수록 교사는 학생에게 적절한 경험의 기회를 주기보다는 자료에서 제시하는 것을 강요했다.

요약하자면, 교사가 교육과정 자료를 사용하는 방식을 다른 교과, 다른 교사, 다른 교실에 일반화하기 힘들다. 여기서 제시한 사례는 교사가 교육과정 자료를 어떻게 사용하는지를 보여준 하나의 예다. 이 사례를 통해서 몇 가지 쟁점을 발견할 수 있었다. 그것은 교사는 교육과정 자율권을 가져야 한다는 것, 다양한 교육 내용을 선정할 수 있어야 한다는 것, 교재가 진술하고 있는 것의 '의미'를 알아야 한다는 것이다.

2. 교육과정 자료 개발자로서 교사

지금까지 우리는 교육과정을 실행 할 때 교사가 교육과정에 어떻게 개입하는가를 살펴보았다. 지금부터는 교사가 교육과정에 개입하는 다른 사례로 교사가 교육과정 개발에 어떻게 개입하는지를 살펴볼 것이다(Ben-Peretz, 1980a). 교사는 늘 교육과정을 개발하고자 하며 가끔은 단위학교나 중앙의 교육과정 개발에 참여한다. 교사는 교육과정 개발에도 참여하지만 대부분의 경우는 교실에서 사용할 교육과정 자료를 개발하는 일에 참여한다. 개발자로서 교사는 여러 가지 영향을 미치는데 무엇보다 교육과정 자료의 성격을 결정하는데 영향을 미친다. 그리고 다른 교사들이 개발한 자료의 활용성에 영향을 미친다. 개발자로서 교사의 사례를 소개하는 목적은 두 가지이다: (1) 교육과정에 대한 교사의 역할을 찾기 위해서다. (2) 교사가 교육과정 자료 개발자일 때와 사용자일 때 어떤 역할 차이가 있는지를 알아보기 위해서다.

교사는 교육과정 개발자가 의도한 것을 실현하는 '도구'일 수도 있다. 이 경우 교사의 교육과정 개정 동기는 약할 수 있다. 음악으로 비유하면 교사의 역할은 작곡가가 만들어 놓을 악보를 보고 연주하는 연주가다. 연주가는 곡을 나름대로 해석할 수는 있지만 곡을 고치지는 않는다. 이 비유를 그대로 적용하면, 개발자로서 교사는 '음악'을 만드는 사람이다. 즉 교육과정을 만드는 사람이다. 교육과정 자료 개발의 출발점은 교사가 교과나 교실에서 요구하는 것을 아는 것이다.

교실에서 교사가 경험하는 것, 그것이 교육과정 자료 개발에 필수적이다. Westbury(1972)는 실제에 기초해서 교육과정을 연구하는 Schwab(1969)의 접근 방식을 강조하였다. "앞으로 해야 할 것과 지금 하고 있는 것 간의 차이에 기초해서 문제를 이해하고 나서 문제 해결에 접근하거나 변화나 개선으로 나아가야 한다"(p. 30). 교사는 교실 상황에 익숙하기 때문에 이런 차이에 기초해서 교육과정을 바꿀 수 있고, 나아가서 개선할 수 있다. 교사는 국가 수준 교육과정 개발자들이 잘 모르고 있는 학생, 교실, 학교의 여건을 잘 알고 있다. 교사는 자신이 가진 이런 지식을 이용하여 교육과정 개정의 허점, 단점, 조건들을 판단할 수 있다. 교사 스스로 학교의 상황을 잘 알고 있을 때 교육과정 및 교육과정 자료 개발에서 중요한 역할을 할 수 있다(Schwab, 1983). 이는 교육과정 개발 혹은 교육과정 자료 개발에서 교사의 전문성 문제를 제기한다.

교육과정 개정에 영향을 미치는 지식은 다음과 같은 것이다: 가르칠 교과 관련 지식, 학습자에 대한 지식, 학교나 지역의 여건에 대한 지식, 교육과정 자료를 사용하는 교사의 특성에 대한 지식, 교육과정 개발 지식(Schwab, 1973). 교사는 이런 지식 중 2개 이상을 가지고 있다. 사례에서도 학습자, 교사, 학교 여건에 대해 교사가 알고 있는 이런 지식이 교육과정 개발에 영향을 미치고 있었다. 교육과정 자료를 개발하던 중에 교과 전문가나 교육과정 전문가들이 교사를 도왔다. Fox(1972)의 연구에 의하면 교과 전문가가 항상 교육과정 개발을 주도해 왔다. "교사는 교실에 대한 신념이 확고하고 창의적이지만 교육과정을 개발할 때는 항상 교과 전문가를 보조하는 위치에 있다"(p. 71). 교사와 교과 전문가가 상호 관계로 규정되는 이런 문제를 피하기 위해 교육과정 개발팀을 구성할 때 처음부터 교과 전문가를 개발위원보다는 조력자로 규정할 수 있다. 이 때 교과 전문가에 의해 교사의 의견이 무시되는 경향을 피할 수 있다. 교과 전문가가 조력자일 때, 그들의 의견은 교사가 교육과정 자료를 개발할 때 사용하는 것이 될 것이다. 이 과정에서 교사는 전문가가 제시한 의견을 반영하기도 하지만 거부하기도 한다. 이 경우 교사가 개발 팀장이 되어 교육과정 및 교육과정 자료 개발의 전 과정을 기획하고 주도할 수 있다.

지금까지 우리는 교육과정 개발의 참여하는 두 가지 원리에 대해 다루었다: 교사는 교육과정 개발의 출발점을 제공하는 역할을 한다. 교과 전문가는 개발 팀이 아니라 외부 전문가의 역할을 맡아서 개발하고 있는 교육과정에 대해 조언하는 역할을 수행한다.

지금부터는 교사가 교육과정 개발에 주도적으로 참여한 모듈형 교육과정 자료 개발에서 교사가 어떤 역할을 했는지 살펴볼 것이다.

이 사례의 최종 결과물은 교육과정 '패키지'라기보다는 몇 개의 모듈이었다. 모든 모듈의 주제는 같지만 각 주제를 구성하는 내용, 내용 제시 방식, 교수법은 다르다. 이러한 모듈 개발에 교사들이 참여했다. 개발팀이 된 교사들의 배경은 서로 달랐고, 교과나 수업에 대한 성향도 달랐으며, 교직 경험이 달랐고, 교육에 관한 우선순위도 달랐다. 교사마다 지닌 이런 다양성은 교육과정 자료 개발 과정에서 다양한 의견으로 연결되었다. 개발 전에 결정된 것이나 개발자에게 주어지는 압력이 없었기 때문에, 가령 개발할 교육과정 자료의 성격, 형태에 대해 사전 결정된 사항이 없었기 때문에 교사들은 어떤 자료를 개발할지부터 정해 갔다. 그 결과 주제는 동일하게 하고, 여러 개의 모듈을 만들어 서로 다르게 접근할 수 있는 자료를 개발하였다. 이런 모듈 형태의 자료는 교사에게 교육과정과 관련된 사항을 결정할 수 있는 의사결정 권한을 경험시켜 준다. 나아가서 같은 주제에 대한 다른 버전이라 개발한 교육과정 자료가 다원적인 성격을 띤다. 이 자료를 사용하는 교사에게 교육과정 개발자가 의도한 것을 무시하도록 했는데, 이것은 교사가 교육과정으로부터 어느 정도 해방감을 느끼게 해 주었다. 모듈형 교육과정 자료는 선택 자료를 포함하고 있었고, 개발자이면서 사용자인 교사들은 동료 교사가 개발한 모듈도 자유롭게 선택했다. 또 교사는 각 버전의 자료들을 새로운 방식으로 조합하여 자신만의 자료를 만들기도 했다. 나아가서 개발에 참여한 교사는 자신이 가진 지식, 선호하는 교수법에 기초해서 자신이 처한 수업 상황에 맞게 완전히 다른 새로운 자료를 만들기도 했다.

다시 사례로 돌아가 보자. 6명의 교사가 개발에 참여했다. 참여 교사의 선정은 이전에 좋은 수업을 한 교사, 교과를 종합적으로 이해하고 있는 교사였다. 이들은 도시나 시골, 사회·경제적 지위가 다르고, 서로 다른 학교에 근무하고 있었다. 이들이 개발한 교육과정 자료는 Ben-Peretz 등이 개발한 생물과 교육과정 중 하나인 "자연에서의 인간"이다. 이 자료에서는 신경계를 중심으로 본 "인간의 특성"을 다루도록 안내하고 있었다. 따라서 "인간의 특성"이라는 교육과정 자료를 개발하는 연구를 수행했고, 교육부가 재정 지원을 했다. 개발에 참여한 교사에게는 연구비가 지급되었다. 이로써 교사가 교육과정 개발에 참여하는 것이 중요하다는 것을 공식화 하게 되었다. 생물과 담당 장학사나 관리자도 개발 회의에 참석했다. 학교장도 개발에 참여하는 교사를 지원해 주었다. 이런 시원은 교사의 교육과정 개발 참여에 대한 인식을 확산할 뿐만 아니라, 교사도 교육과정을 개발할 수 있다는 것을 예증해 준다.

① 연구 결과

자료 개발 회의

교육과정 개발 회의를 시작하면 교사는 교육과정에 포함해야 할 구체적인 주제와 수업 전략을 제안한다. 교사들이 제안한 의견은 서로 다르고 각 주제나 전략에 대해 100% 동의하기도 힘들다. 이렇게 의견이 다양한 이유는 다음과 같다: 첫 번째로, 교사가 선호하는 내용이 서로 다르기 때문이다; 어떤 교사는 인성학을 선호했고, 어떤 교사는 분자 생물학을 선호했다. 두 번째로, 교사가 가르치는 학생이 다르기 때문이다; 어떤 교사는 중학생을 가르치고, 어떤 교사는 장애학생을 가르친다. 세 번째로, 교사마다 좋은 수업에 대한 견해가 다르기 때문이다; 어떤 교사는 발견 학습을 좋게 생각하고, 어떤 교사는 설명식 수업을 좋아했다. 이런 이유는 개발한 교육과정 자료를 사용하는 교사에게서도 비슷하게 나타난다.

첫 회의에서 교사들은 제안할 것에 대해 토의하였다. 여러 가지 의견이 나왔지만 참가한 교사들은 모두가 받아들일 수 있는 내용과 교수법을 정해야 한다고 생각했다. 이런 생각은 교사가 적절하게 재구성할 수 있는 것이어야 한다는 생각과는 반대되는 것이다. 모두가 받아들일 수 있는 것이어야 한다고 생각하는 데는 교사들이 동일한 목적이나 교육과정을 만들어야 한다고 생각한다는 뜻이기도 하다. 교사는 자신이 사용할 교육과정 자료를 선택하기 힘들어 한다. 왜냐하면 교사는 어떤 내용이든 모든 내용을 포괄해야 한다고 생각하기 때문이다. 그래서 스스로 선택하기 힘들다고 생각한다. 교사는 교과에서 가르쳐야 할 것 중 일부만 다루고 있는 자료를 받아들이기 힘들어 한다. 교사는 선정한 자료가 가르쳐야 할 것을 모두 포함하고 있어야 한다고 생각한다. 또 너무 비싸거나, 시간을 많이 들여야 하는 자료는 현실적이지 않다고 생각하는 경향이 있다. 교육과정 개발에 참여한 전문가와 교사들은 이런 관점들을 검토했다. 교과 전문가와 교사는 학생에게 교과를 배제하거나 왜곡해서 전달하지 않는 그런 자료를 개발하고자 했다. 결국 다음 4가지 종류의 자료를 개발했다:

1. 해부 형태학. 이 자료는 인간과 동물의 차이에 초점을 둔다. 이 자료에서는 인간의 특성을 손이나 언어를 사용할 줄 아는 것과 같은 그런 동물과 차별 가능한 점을 중심으로 다루었다. 그리고 동물원 방문과 같은 활동을 제공했다.
2. 생리학. 이 자료는 텍스트를 종합적으로 이해하는데 중점을 두며, 특히 인간이 가진 신경 생리적 특성을 강조했다.
3. 심리학. 이 자료는 인간이 가진 학습 및 사고하는 능력을 강조했다. 이 자료는 학생이 직접 해 볼 수 있는 여러 가지 실험 활동을 제공했다.
4. 개별화 자료. 이 자료는 주로 신경계 관련 기본 용어나 개념을 다루었다.

각 자료에서 사용하는 내용이나 교수법이 서로 다르다. 개발에 참여한 교사는 모두 4가지 자료가 인간의 특성을 다루고 있다고 인정했다.

자료 개발

개발팀은 교사의 흥미를 고려해서 구성하였다. 각 팀이 한 종류씩 책임지고 개발하기로 했다. 교육과정 자료 개발을 위해서는 팀 작업이 필수적이라고 생각했다. 개별로 작업하면 서로의 아이디어를 나눌 기회를 거의 갖지 못한다. 또한 교사가 보람을 느낄 수 있는 일종의 집단의식을 불러일으키는 데에도 한계가 있다. 교육과정을 개발하는 것이 창조적이라는 점에서 혼자 일하는 것은 결코 바람직하지 못하다. 2인 1조의 개발팀은 교육과정 개발을 촉진하는 '비판적인 팀'이 되었다. 교사들 간의 협력은 교육 문제를 해결하는데 효과가 있는 것으로 알려져 있다. Lortie (1975)는 "교사들 간의 관계는 친밀하다. 이런 관계를 촉진하거나 조장하려는 노력들이 오늘날 교사들 사이에서 상당히 확산되고 있다"고 하였다(p. 209). 교육과정 개발 과정에서 협력을 해 본 경험이 있는 교사는 학교에서 협력을 필요로 하는 여러 가지 활동에 보다 적극적이다. 이런 협력은 또한 교육과정 자료를 단위 학교의 상황에 맞춰 적용하고자 시도하게 한다.

교육과정 자료를 개발하는 동안 교과 전문가나 연구 책임자도 교사를 돕는다.

교사는 여러 가지 가능한 학생 활동들을 기술하기 시작했다. 가능성이 있다고 생각하는 학습 활동이나 학습 결과물을 목록화해서 교육과정을 개발할 때 사용하였다. 이것은 두 가지 장점이 있었다.

하나는 교사들이 교사로서 가지고 있는 개별적인 전문성을 펼쳐 볼 수 있는 기회가 되었다. 두 번째로는, 수업을 계획할 때 '내 교실이라면, 내 수업에서 무엇을 하지?'라고 스스로에게 물어보는 중요한 습관이 생긴다. 이러한 습관은 교사로서 그들의 필요에 기초하여 자료를 개발하도록 만든다.

교사의 수업 계획에 대한 연구들은 교사가 학생 활동과 내용 선정에 많은 시간을 보낸다고 보고한다. 반면, 교사는 목표를 구현하는 일에 가장 적은 시간을 들인다(Zahorik, 1975; Peterson, Marx, & Clark, 1978). 교육과정 자료 개발에 참여한 교사는 자신이 선호하는 방식으로 수업을 계획하였다. 그래서 교사가 만든 교육과정 자료를 다른 교사들이 사용하기도 쉬웠다. 교사는 다음과 같은 기준으로 학습 활동을 선정했다: 대다수 학생에게 적절한가, 교실에서 사용할 수 있는가, 교사가 개인적으로 우선시하거나 선호하는 것인가.

실험 적용

교육과정 자료를 시범 유영해 보는 것은 교육과정 자료 개발에서 중요하다. 참가한 교사는 자신의 교실에서 자신이 개발한 자료를 사용해 보고 자료에 대한 학생의 반응을 기록하였다. 동시에 교과 전문가에게도 자료에 대한 평가를 요청했다. 자료를 실험 적용해서 모은 의견은 수정과 다음 단계에 있는 심의를 준비하는 기초가 되었다. 그리고 내용, 교수법, 활동에 대한 보다 나은 결정을 하게 된다. 활동에 대해 가능한 여러 가지 결과를 예측하고, 이 과정에서 가장 적절한 것으로 인정된 자료가 발행본이 된다.

개발 책임자, 편집자, 삽화가가 참여해서 마지막 편집과 수정 작업을 한다. 각 팀은 주어진 시간과 재정적 한계를 고려해서 개발을 완료한다.

실험 적용은 교육과정 자료 개발에 참여하지 않는 교사도 참여한다.

이 교사들은 개발팀이 제공하는 사전 연수에 참여하는데, 이런 연수 프로그램에 참여한 교사는 개발한 교육과정 자료 사용자 혹은 실행가이다. 연수 프로그램은 다음과 같은 특징이 있다:

1. 교사에게 제공한 교육과정 자료는 세트로 제공하는 패키지가 아니라, 4가지 종류의 각기 다른 형식의 자료다. 같은 주제를 서로 다르게 담고 있기 때문에 교사가 생각하는 적절한 자료를 선택할 것이다.
2. 연수 프로그램에 참여한 교사에게 개발 과정을 공개한다. 자료 개발 논리와 교육과정 자료 개발에서 결정한 것들을 공개함으로써 연수에 참여한 교사는 질문을 하고, 질문에 대한 자신의 의견도 제시한다. Rudduck (1987)은 교육과정 개발에 얽힌 이야기를 참가자와 공유하는 것이 중요하다고 언급하였다: "지적인 경험을 위해서 교육과정 자료를 개발하는 과정에서 만나는 딜레마를 이해할 필요가 있다"(p. 87).
3. 교사에게는 사용 설명서를 제공하지 않았다. 자료를 어떻게 사용할 것인가 하는 문제는 전적으로 교사가 결정한다. 교사는 활동의 적합성, 내용의 계열과 같은 문제를 의견으로 제시했다.

이는 교육과정 자료를 사용하는 교사의 자율권과 융통성을 보장하고자 한 것이다. 이 연수에 참여한 교사에게 "인간의 특성" 단원을 가르치기 위해 다양한 방법을 생각해 보도록 했다. 제안된 모든 것을 목록화하여 토의에 부쳤다. 어떤 제안은 개발자가 제시한 대안과 비슷했고, 또 어떤 것은 달랐다. 연수에 참여한 교사는 특정 주제의 자료를 적용하는 여러 가지 방식에 익숙해졌다. 그들은 단원 개발 관련 복잡한 이슈들을 경험했다. 교사들은 자율적으로 이 과정에 참여했고 자료를 다른 방식으로 재구성하려고 했다. 그런 후 연수에 참여한 교사들은 자신의 교실 수업에 이 자료를 사용하였다.

이러한 실험 운영의 의견을 바탕으로 처음 이 교육과정 자료 개발에 참여한 교사들이 중심이 되어 최종본을 완성했다.

생각해보기

이 책에서 제시한 사례와 교육과정 자료를 개발해 본 당신의 경험과 비교해 볼 수 있을 것이다. 당신에게 교과 전문가는 어떤 역할을 하였는가? 최종 결과물인 교육과정 자료는 어떤 성격의 것인가?. 이 자료는 특정 학교에만 해당하는 것인가 혹은 적용범위를 확대해서 다른 학교에 일반화할 수 있는 것인가? 교사들이 이 자료를 어떻게 사용하기를 기대하는가? 그들에게 교육과정을 안내했는가? 당신은 이런 개발 방식의 장점과 단점이 무엇이라고 생각하는가? 당신에게는 어떤 사례가 적절한가? 당신은 교육과정 개발에만 참여할 수 있고, 개발 과정을 기술하는 일도 할 수 있다.

② 논의

교육과정 개발에 참여한 교사의 사례를 통해서 우리가 배울 수 있는 것은 무엇인가? 몇 가지 쟁점이 있다. 무엇보다 눈에 띈 것은 교육과정 개발에 참여한 교사의 시간과 비용 문제다. 참여 교사는 개발 활동을 위한 시간이 필요하다. 그들이 공식적으로 활동할 수 있는 장소가 필요하고, 교육과정 전문가의 지원도 필요하다. 이런 사항들은 개발하고자 하는 자료를 얼마나 적용할 수 있는가 하는 적용 범위를 고려해서 결정할 수 있다. 이 사례에서 개발한 자료는 개발자의 교실에 한정하지 않고 다른 교실로 일반화했다. 이는 단위 학교 중심의 교육과정 개발 사례가 아니라, '외부'에서 추진하는 교육과정 개발에 교사가 참여하는 형태다. 한 학교 혹은 한 교실을 위한 교육과정 자료를 개발한다고 해도 개발자로 참여하는 교사에게는 시간, 자원, 전문적 지원이 필요하다.

또 다른 쟁점은 교사 선호도와 관점에 기초한 교육과정 자료 개발이라는 새로운 형식을 만들어냈다는 점이다. 이 사례에서 등장한 4가지 형식의 자료는 개발 시작부터 교사가 참여하였는데, 이것이 바로 교육과정 가능성의 예다.

형식의 융통성이 있다는 것은 다양한 교실의 다양한 상황에 처해 있는 학습자들에게 능동적으로 대처할 수 있다는 것이다.

교육과정 자료 개발은 교사의 협력과 공유를 요구하는 상호 협력 과정이다. 교육과정 자료의 사용자로서 그리고 개선자로서 교사와 교육과정의 만남은 이렇게 협력하고 공유하는 방식이다. 교사는 다양한 맥락에서 교육과정 개발자 역할을 한다. 교사는 자신이 근무하는 학교, 자신의 교실에 사용할 교육과정 자료를 사용하는 가장 좋은 개발자다. 또 교사는 주어진 자료를 다른 형식으로 다시 구성할 수 있고, 구체적인 수업 상황에 맞도록 적절하게 변형해서 사용할 수 있다. 교육과정 개발의 일환으로 실시한 교사 연수는 교육과정 자료 개발을 끝내고 실시했지만, 이 연수에서 교사에게 교육과정에 대한 숙의 과정에 적극적으로 참여할 것을 강조했다. 교사들이 교육과정 자료의 성격이나 적용 가능성에 대해 서로 대화할 기회를 갖는 것, 이것이 선결되어야 할 과제로 보인다.

> **생각해보기**
>
> 당신은 이런 대화에 참여한 적이 있는가? 그 때 어떠했는가? 원한다면 당신이 근무하는 학교에서 이런 대화를 해 볼 수 있을 것이다.

이 장에서 제시한 두 사례에서 교사를 실행자나 개발자로 구분해서 살펴보았다. 교사가 개발한 교육과정 자료는 다른 교사에게도 의미가 있다. 하지만 이것이 개발자의 의도에 충실해야 한다는 뜻은 아니다. Schwab(1983)은 "교육과정이 모스크바에서 만들어지는 것도 아니고, 지방으로 전송되는 것도 아니다"고 했다(p. 240). 교사의 교육과정 실행은 교육과정 자료 개발 과정의 파트너다. 최종 결과물로서 교육과정 자료는 교사의 요청을 기초로 완성되고, 교사들이 처한 각자의 수업 상황에 적절하게 적용된다. 교육과정 자료 개발에 참여함으로써 얻는 교사의 교육과정 개발 능력은 상업적인 교과서 개발뿐만 아니라 외부에서 개발한 교육과정 자료를 사용하는데도 영향을 미친다. 교육과정 자료를 심사숙고해서 선정해야 한다. 이런 인식은 교사의 자율적인 의사 결정 능력을 향상시킨다. "교사가 교육과정을 개발하고, 확산하고, 재구성할 수 있도록 하기 위해서는 교사를 교육과정 개발자로 존재할 수 있도록 해 주어야 한다. 교육과정 자료 개발에 교사를 초대하는 방식을 찾는 것이 중요하다"(Rudduck 1987, p. 81).

이런 관점은 교육과정 연구 분야에 교사가 포함되어야 한다는 의미다. 여기서는 몇 가지 요소를 드러냈을 뿐이다. 전반적인 사항에 대해서는 다음 장에서 더 깊이 다룰 것이다.

3. 결론

이 장에서는 교육과정을 사용하는 사람으로서 교사와 교육과정을 만드는 사람으로서 교사의 행위를 상세히 기술하고 분석하였다. 두 사례에서 교사의 역할이 간단하지 않다는 것을 강조했고, 교육과정에 대한 교사의 전문성을 구체적으로 표현했다. 이런 관점에서 교사들이 교사로서의 활동에 대해 성찰해 보기를 바란다.

더 읽을 자료

교육과정 사용자로서 교사에 대한 몇 권의 책과 논문들이 있다. 이 책과 논문들은 당신의 안목을 높이는데 도움이 될 것이다.

Fullan, M. (1982): *The Meaning of Educational change*, Toronto, OISE Press.

Fullan, M., and Pomfret, A. (1977): "Research on curriculum and instruction implementation," *Review of Educational research* 47. 1:335-397.

Leithwood, K., and MacDonald, R. (1981): "Decisions given by teachers for their curriculum choices," *Canadian Journal of education* 6, 2:103-116.

McLaughlin, M., and Marsh, D. (1978): "Staff development and school change," *Teachers College Record* 80. 1:69-94.

Sarason, S. (1982): *The Culture of School and the Problem of Change,* Boston, Allyn and Bacon: 1st edition 1971.

교육과정 개발의 다양한 맥락을 다룬 책과 논문들이다.

Kennedy, K. J., and McDonald, G. (1986): "Designing curriculum materials for multicultural education. Lessons from and Australian Development Project," *Curriculum Inquiry 16*, 3:311-326.

Reid, W. D., and Walker, D. F. (eds.) (1975): *Case Studies on*

Curriculum Change, London, Routledge and Kegan Paul.

Shipman, M. D., Bolam, D., and Jenkins, D. R. (1974): *Inside a Curriculum Project: A Case Study in the Process of Curriculum Change*, London, Methuen.

Stenhouse, L., (ed.) (1980): *Curriculum Research and Development in Action*, London, Heineman.

Walker, D. F. (1974): "A naturalistic model for curriculum development," *School Review* 79, 1:51-65.

학교중심 교육과정 개발은 교육과정에 교사가 참여하는 한 모형이다. 다음은 관련 참고문헌들이다:

Sabar, N., Rudduck, J., and Reid, W. A. (1987): *Partnership and Autonomy in School-based Curriculum Development*, USDE Papers in education, University of Sheffield.

Skilbeck, M. (1984): *School-based Curriculum Development*, London, Harper and Row.

2 교사의 교육과정 읽기

The Teacher-Curriculum Encounter freeing teachers from the tyranny of texts

교사의 교육과정 읽기 2

"처음 하는 실패라면, 원인은 교사 때문이다."
Paul Dickson, The Official Rules

1장에서 살펴 본 두 사례는 교사가 교육과정을 만나는 두 가지 방식이기도 하다: 외부에서 개발된 교육과정 자료를 사용하는 교사와 교육과정 자료를 개발해서 사용하는 교사. 이제 우리는 교사가 교육과정 관련 문제 및 이슈에 어떻게 개입하는지를 살펴볼 것이다.

모든 교사는 교육과정 자료를 사용한다. 그리고 교사가 교육과정 자료를 다루는 가장 보편적인 방식은 교실에서 수업에 사용하는 것이다. 이런 점에서 몇 가지 질문을 할 수 있다: 교사가 생각하는 교육과정은 무엇인가? 교사가 교육과정을 구현하기 위해서 실제로 어떤 형태의 자료를 사용하는가? 교사가 교육과정을 사용하거나 개발하는 활동은 교사의 다른 전문적인 활동과 어떻게 다른가?

1. 교육과정이란?

*교육과정*은 무엇인가? 교육과정에 대한 전형적인 정의는, *교육과정*이란 학습 코스다. 교육과정 이론가들은 오랜 시간 동안 교육과정이라는 용어를 여러 가지로 정의해 왔다. 그 중 하나로, 교육과정은 의도적인 학습 결과 목록이다(Johnson 1967). 이와는 대조적인 또 다른 정의는 *교육과정*이란 학교 교육을 통해서 학습자가 경험하는 모든 것이다(Oliver 1977). 이처럼 교육과정에 대한 정의가 서로 다른 이유는 교육과정과 수업 간의 간극 때문이다. 어떤 학자는 교육과정 계획은 목적을 정하여 내용을 선정하는 것을 중점으로 하고, 수업계획은 교수법을 정하는데 중점을 두는 것으로 이 둘이 서로 다른 것이며, 수업은 교육과정 개발자가 하는 일이 아니라고 주장한다. 예를 들어 Robinsohn(1969)은 교육과정 개발을 "목적에 맞는 학습 경험의 계열을 정하거나 정한 것을 수정하는 것"이라고 했다(p. 221). 이런 관점에서 보면 교사는 외부에서 주어지는 교육과정을 따라야 한다.

반면 Johnson(1967)은 주어진 교육과정에 기초해서 교사가 수업을 계획해야 한다고 주장한다. 왜냐하면 교사는 구체적인 교실 상황을 아는 사람이기 때문이다. 이런 관점에서 보면 주어진 교육과정과 실제 교실에서 실행되는 교육과정은 다를 수 있다. 뿐만 아니라, 교육과정과 교사의 관계는 더욱 긴밀하다. 교육과정이나 수업이 어떤 형태이든 간에 교사는 교육과정 실행에 영향을 미친다. 교육과정의 형태가 다르고 교사의 역할이 다르다는 것은 교육과정 실행이 다양하다는 의미다. 이런 교사를 생각해 보자. 그는 여러 교과서를 선정하고 지도서에 제시된 것 외의 것도 다룬다. 이 교사는 직접 자신의 수업을 계획하고 수업과 관련하여 여러 가지 선택을 한다. 이런 교사는 구체적인 자료와 지도서를 제공하는 교육과정 '패키지'를 사용하는 교사보다 더 적극적이다.

Schwab(1983)은 교육과정을 교사의 역할을 포함해서 정의하였다: "교육과정은 학생마다 다를 수 있다. 이는 교사가 사용하는 자료가 다르고 교사의 교수 행위가 다르기 때문이다. 교사가 사용하는 지식, 기술, 성향이 다르기 때문이다. 교사가 계속 성찰하면서 수업하고, 학생과 소통하면서 수업하기 때문이다"(p. 240). 교육과정을 이렇게 정의할 때, 교사는 교육과정 정의에 영향을 미치는 중요한 요소다. 학생에 대해 많이 알고 있거나 학생을 다뤄 본 경험이 있는 교사는 교육과정과 관련해서 보다 현실적이고 교실에 살아 있는 의사 결정을 한다. Schwab에 의하면, "교사는 가르쳐야 할 내용과 방법을 결정할 때 협의하고 회의하며 소통해야 한다"(p. 245). 이런 점에서 교육과정은 학생이 하는 학습 경험으로 간주할 수 있다. 따라서 교육과정이란 교사가 교실에서 학생에게 적절한 자료를 사용하여 적절한 활동을 하도록 할 때 학생이 갖는 경험이다. 이 책에서도 이런 관점의 교육과정 정의에 기초하여 교사와 교육과정 문제에 접근하고 있다. 이와 같은 맥락에서, 1장의 첫 번째 사례는 다양한 수업 상황에서 교육과정 사용자로서 교사가 교육과정을 어떻게 사용하는지를 다룬 것이다. 두 번째 사례는 교육과정 개발자로서 교사가 교육과정 개발에 참여해서 한 '논의'하고 '협의'한 것을 다룬 것이다.

2. 교육과정의 형태

매일 학교에서 실제로 사용하는 구체적인 교육과정 자료는 어떤 것인가? 이런 교육과정 자료는 여러 가지 모습으로 존재한다. 문서에 진술되어 있는 교육과정처럼 보이기도 하지만, 변장을 한 모습일 수도 있다. 이렇게 '변장한 교육과정'curriculum disguises은 외부자가 보기에 혹은 교사라고 하더라도 얼핏 보면 교육과정처럼 보이지 않는다. 가령, 학교 안팎에서 주관하는 시험은 '변장한' 교육과정 자료다. 외부인이라면 시험지를 '교육과정'이라고 보기 힘들 것이다. 그러나 시험은 궁극적으로 교사가 교실에서 가르치는 내용이나 방법을 결정하는데 영향을 미친다. 가령, 생물과 시험지에 "동물의 한살이" 내용이 문항으로 나오면 교사는 생물 수업 시간에 동물의 한살이를 가르친다.

교육활동 중에 교사가 만나는 가장 흔한 교육과정을 열거해 보면 다음과 같다.

1. 실러버스. 일정별로 수업 내용을 정리한 목록이다. 실러버스는 강좌별로 수업할 내용을 제시하는 것인데, 각 내용별로 시간과 내용을 중심으로 제시하고 있다.
2. 지도서. 지도서는 보통 수업 목표를 제시하고 가르쳐야할 내용과 교수법을 상세히 설명해 놓은 교사를 위한 수업 안내서다.
3. 교과서. 교과서는 교육과정 개발팀이 개발한 것이거나, 교과서 출판사에서 출판한 저자가 있는 교육과정 자료다.

4. 수업 보조 자료. 교사가 수업을 위해서 준비하는 자료로 학생의 학습 활동을 돕거나 안내하며 보조한다. 가령, 학생이 사용할 활동지, 내용 제시를 대체하는 필름, 테이프와 같은 시청각 자료들이 여기에 해당한다.
5. 시험지. 특정 교과의 내용이나 태도를 습득했는지를 묻는 문항지로 지필, 수행 평가 등이 이에 해당한다.
6. 패키지 자료. 교사용 지도서, 학생용 교과서, 다양한 시청각 자료들, 시험지 등 수업에 필요한 모든 자료를 종합적으로 묶어서 제공하는 자료집이다.
7. 도서. 수업 시간에 수업관련 읽기 '자료'로 동화책 등을 말한다.
8. 활동지. 교사가 수업시간에 사용하기 위해서 개발한 교수학습 자료로 불리는 교육과정 자료다. 가끔 학생이나 학부모가 이런 자료 개발에 참여하기도 한다.

이런 형태의 자료들이 모두 교실의 관점에서 볼 때 *교육과정 자료이다.*

여기서 몇 가지 형태의 교육과정을 좀 더 자세히 살펴보자. 먼저, *실러버스*부터 살펴보자. 실러버스는 보통 '학습 코스'a course of study, '수업 계획서'a program defining document이다(Popham 1975). 실러버스는 수업 시간을 기준으로 각 시간에 다룰 내용을 정하고, 내용의 계열을 고려하여 순서를 정한다. 실러버스를 작성하는 사람은 수업을 하는 사람이고, 실러버스는 그가 선정한 내용을 학생에게 상세하게 안내하는 자료다. 이런 실러버스는 구체적이고 상세하다. 교육부에서 배부하는 교사 안내서가 상세화한 실러버스의 형태일 수도 있다. 실러버스는 개발자의 개발 근거, 목적과 목표에 대한 해설, 내용에 대한 설명을 상세하게 진술하고 있다. 또 이런 실러버스는 구체적인 교수법을 제시하기도 한다. 특히 여러 가지 양식의 실러버스나 교사 안내서가 등장하면서 문서가 교사에게 전하고자 하는 메시지가 명시적인 것뿐만 아니라 암시적인 것도 생긴다. 그래서 이런 문서를 해석하는 일이 더 복잡해졌고 여러 가지 문제가 나타나기 시작했다. 결국에는 교사 안내서가 교실에서 해야 할 것을 명확하게 해 주지 못하고 있다는 교사들의 불평을 듣기도 한다. 예를 들어 한 예비 교사는 다음과 같은 안내서를 접하면서 혼란스러워 하는 모습을 보여준다.

> 수학 시간에 예비 교사들은 다음과 같은 짧은 목표를 보게 된다.
> "길이를 표시 할 수 있다"
> '이 수학과 수업 목표는 너무 간단해. 뭘 가지고 하라는 거야?
> "당신은 이러한 자료들이 필요할 것이다"
> '좋아. 지금 내가 가지고 있는 이 자료를 사용하지 뭐?…알다시피, 이것은 도움이 안 되잖아…무엇을 하라는 것인지 명확하지가 않아'(Loewenberg-Ball and FeimanNemser 1988, p. 416).

실러버스나 교사 안내서는 교사에게 '교사가 할 것'에 대해 해야 한다는 것인지 혹은 할 수도 있다는 것인지가 불분명한 경우가 있다. 또 이런 실러버스나 교사 안내서는 교사에게 자신의 수업을 스스로 계획하라고 하는 것인지 그대로 따라 하라는 것인지도 명확하지 않다.

대부분의 교사가 가장 흔하게 접하는 교육과정 자료는 패키지 형태의 자료다. 이런 패키지는 교과서, 지도서, 시청각 자료나 활동지와 같이 수업에서 사용할 만한 여러 가지 자료들을 묶어 놓았다. 어떤 패키지에는 학생의 학습을 평가할 수 있는 시험지나 교사를 위한 자기 평가지도 들어있다. 예를 들어 Kenton Sutherland가 편집한 English Alpha(CM-1982)가 대표적인데, English Alpha는 제2언어로써 영어를 가르치는데 필요한 6개의 자료를 담고 있는 패키지다.

지도서에는 학생용 시험지도 제공한다. 또한 수업의 목표(예-새로운 의사소통 기술을 익힌다), 각 단원에서의 핵심어(예-수동형 동사), 가르치는 방식(예-세 그룹으로 나눠서 학습하며, 각 그룹마다 다른 질문을 한다)을 제시한다. 시험지와 답안지, 학생의 학습 상황을 기록할 수 있는 차트, 학생용 활동지를 묶은 보조책, 시청각 자료 등 수업 보조 자료도 제공한다.

어떤 교사는 *과학 책*이나 *문학 책* 같은 도서 자료를 사용한다. 교사는 이런 자료를 수업에 변화를 주거나 학생에게 교과를 이해시키는데 사용한다. 교사는 독서를 목적으로 하는 순수한 도서와 교육과정 자료로 수업에 사용하는 도서를 구분해야 한다. 순수한 도서로써 도서 자료를 사용할 때에는 교과에 관한 지식과 교육학적 경험이 요구된다. 수업의 레퍼토리가 많지 않거나 수업 경험이 부족한 교사는 그가 사용하는 교육과정 자료에 따라 교육과정을 엄청나게 "변질"시킬 가능성이 높다(Borko et al. 1988). 그러나 경험이 풍부한 교사, 즉 "교육학적 내용 지식"(Shulman 1986; Gudmunsdottir and Shulman 1986)이 풍부한 교사는 특정한 교과의 내용을 다른 방식으로 가르칠 줄 안다. 학습 중에 발생하는 자료로 인한 교육과정의 변질 문제에 대해서는 다음 장에서 다룰 것이다.

앞에서 말했듯이 교사는 가끔 자료를 직접 만드는데, 이 때 학생을 참여시키기도 한다. 이런 것도 교육과정 자료의 한 형태지만 그것은 외부에서 개발한 것도 학교에서 개발한 것도 아니다. Butt 등(1986)은 다음과 같이 9학년 지리과 자료를 개발한 교사를 소개하였다:

> 나는 학생의 선택을 보장하는 개방적인 방식으로 가르친다. 그리고 이 과목에서 학생이 알아야한다고 생각하는 것을 학생이 쉽게 배울 수 있도록 돕기 위해서 교육과정 자료는 대부분 학생과 함께 내가 직접 만든다. 이런 방식은 나를 덜 독재적이게 한다. 학생이 시험 문항을 만들고, 정보지식을 요약한 학습지를 만들고, 친구들에게 그것을 알려주고, 게임을 직접 만들어서 한다. 학생은 교육과정을 만드는 과정에 좀 더 직접적으로 참여한다(p. 318).

교육과정 자료를 개발하는 과정에 학생을 어떻게 참여시키는지를 보여주는 이런 사례들은 흥미롭다.

> **생각해보기**
>
> 당신에게 익숙한 '교육과정'은 어떤 형태이며, 당신 교실에서 일반적인 교육과정은 어떤 형태인가? 각각의 교육과정 형태가 갖고 있는 장점과 단점을 써보라. 당신이 쓴 것을 가지고 동료와 이야기해 볼 수도 있다.

3. 교육과정 자료의 구분

교육과정 자료를 구분해야 하는 이유는 자료의 종류가 많기 때문이다. 먼저 주어진 교육과정 자료와 직접 만든 교육과정 자료 mandated and open(self-initiated)로 구분할 수 있다. 교실 외부에서 만들어져 교사에게 주어지는 교육과정에서 교사의 전문성은 교육과정의 실행 과정에서 주로 발휘된다. 교사가 만든 교육과정 자료와 구분되는 이런 주어지는 교육과정 자료 또한 다양하다. 개발의 주체는 교육부나 교육청 같은 기관일 수도 있고, 단위 학교일 수도 있다. 이런 교육과정에서 교사가 하는 역할은 개발자의 의도를 충실하게 따르거나, 반대로 요구되는 상황에 맞춰서 변형하는 일을 한다. 그러나 교육과정 자료 개발에 교사가 참여하지는 않는다.

교육과정 자료를 구분하는 또 다른 방식은 구조적인 것과 비구조적인 것으로 구분하는 것이다. 교사용 안내서나 패키지로 개발한 교육과정 자료들은 학습 내용이나 경험의 계열과 위계를 갖춘 구조적인 자료다. English Alpha가 이런 교육과정 자료를 대표한다. 반면에 비구조적인 모듈형 교육과정 자료는 1장에서 설명한 "인간의 특성" 단원처럼 위계성 기준과는 다른 식으로 계열화하고 보다 융통성 있게 사용할 수 있다.

또 교사에게 전하는 메시지의 성격에 따라 상세화한 교육과정 자료와 포괄적인 교육과정 자료detailed and general forms of curriculum로 구분할 수 있다. 수업할 내용의 계열성, 시간 배당, 수업 전략을 상세하게 제시하지 않은 교사용 지도서를 받은 교사는 스스로 수업을 계획해야 한다. 여기서 교사의 교육과정 문해력 curriculum literacy이 요구된다.

교육과정 자료를 구분하는 또 다른 방식은 장기와 단기로 구분하는 것인데, 교육과정 자료를 사용하는 데 걸리는 시간을 중심으로 구분할 수 있다. 1장에서 2차시용 단원의 예를 살펴보았다.

이와는 달리 English Alpha는 초보 단계, 중급 단계, 고급 단계를 설정하여 많은 차시로 구성되어 있다. Clark과 Yinger(1979)는 연구에서 교사가 수업을 계획할 때 점진적 혹은 종합적인 전략을 사용한다는 것을 밝혔다. 점진적인 계획은 매일 변하는 교실 상황이나 정보 변화를 반영해서 짧게, 짧게 계획하는 것이다. 종합적인 계획은 앞으로 수행할 수업을 고려하여 상세하고 구체적으로 계획하는 것이다. 따라서 교실이나 교사의 관점에서 교육과정 자료를 구분할 때 우리는 교육과정 자체의 성격이나 형태뿐만 아니라 교사가 수업을 계획하는 스타일도 고려해야 한다. 또 이런 구분이 교사-교육과정 관계를 규명하는데 보다 유용하다.

교사와 관련해 교육과정을 정의하고 구분하는 것이 주는 시사점이 몇 가지 있다. 이런 구분은 교육과정 자료를 개발하고 개발된 교육과정 자료를 사용하는 교사에게 상당히 중요하다. 어떻게 구분하는가에 따라 교사가 교육과정 자료에 접근하는 방식이 다르다. 예를 들어 어떤 교사는 주어지는 교육과정을 선호하지만, 또 어떤 교사는 교육과정 자료를 스스로 만들어야 한다고 생각한다. 교육과정 자료의 성격은 교사의 교육 활동을 강요하거나, 반대로 자유롭게 한다. 예를 들어 어떤 교사는 가르칠 내용의 구조와 계열을 미리 정해 놓은 교과서가 수업에 도움이 된다고 느끼지만, 또 다른 교사는 주어지는 교육과정이 그것을 실행할 때 좀 더 유연하고 자율권을 발휘할 여지가 있어야 한다고 생각한다. 교육과정과 교육과정 자료를 다양하게 구분을 할 줄 아는 교사는 외부에서 만든 것을 사용하기도 하고, 스스로 만들어서 사용할 수도 있다.

> **생각해보기**
>
> 당신은 앞에서 설명한 교육과정 자료를 구분하는 관점을 사용하여 당신이 사용하는 교육과정 자료들을 구분해 볼 수 있다. 어떤 것이 당신에게 가장 잘 맞는가? 이렇게 구분하는 것이 교육적으로 의미 있는가? 당신은 어떤 기준을 사용할 것인가?

이제 교육과정 자료를 사용할 때 교사가 만나는 이슈나 문제들을 살펴보자.

4. 교사의 교육과정 활동

이 글은 다른 교육과정과 관련하여 교사가 어떤 활동을 하였는지를 보여주는 Helen의 이야기다:

> Helen은 중학교 9학년에게 문학을 가르치는 교사다. 그녀는 문학을 사랑하는 경력 교사다. 그녀는 최근에 '청소년 도덕성 지수 감소'에 관심을 갖게 되었다. 그녀는 실러버스에 실린 책 목록들을 보면서 자신에게 물었다. '왜 이 책들이 실러버스에 들어 있지? 수업을 통해서 습득해야 할 것이 무엇이지?' Helen은 '내가 이런 질문에 답하지 않고서는 수업에서 무슨 책을 사용할지 정할 수가 없어'라고 생각했다.

이 경우 Helen은 *교육과정 자료를 정하는* 활동을 했다. 그녀는 스스로 정한 원리나 준거를 사용하여 자신이 가르칠 교육과정 자료를 선정했다. 교사가 교육과정 자료를 선정하는 데 영향을 미치는 요소들이 있다. 교사의 선택에 가장 영향을 미치는 것은 주로 시간(주당 수업시수, 교사가 수업을 준비하는데 필요한 시간)이다.

학교에서 교사는 늘 시간이 부족하다고 느낀다. 시간이 부족하면 교사는 선택을 해야 한다. 교사는 교과를 얼마나 넓게 vs 깊게 가르칠 것인가를 선택해야 한다. 교사의 선택은 '범위'를 기준으로 한 것이다. 대부분의 교사는 매일 교과서에 있는 내용을 다 다룰 것인지의 여부를 스스로에게 묻는다. 1장에서는 이런 이슈를 교사가 교육과정 자료를 개발하는 것과 관련해서 살펴보았다. 범위의 문제는 교사가 교육과정을 만날 때마다 반복되는 문제다. 중요한 것은 교사가 교육과정을 사용할 준비를 할 때 이 문제를 명확하게 해 둬야 한다는 것이다. 간단히 답할 수 있는 것이 아니다; 따라서 이것은 한편으로 교사가 교육과정을 얼마나 종합적으로 이해하고 있는가에 따라 다르고, 또 한편으로는 수업이 일어나는 상황에 따라 다르다. 우리는 이후의 장에서 이 문제를 다시 다룰 것이다.

다음의 글에서 알 수 있듯이 교사가 교육과정 자료를 선정 할 때 교사가 하는 전문적인 활동에 영향을 미치는 요소가 선호도만은 아니다:

John은 고등학교 생물 교사인데 몇 년 동안 같은 교과서를 사용했다. 이제 그는 이 교과서에 나오는 똑같은 글, 실험, 질문에 싫증이 난다; "나는 재미없는 연극에서 똑같은 역할만 하는 사람 같다. 나는 대사를 바꾸고 싶다"고 말한다. John은 교과서의 유전에 대한 Mendel의 이론

> 을 설명한 부분이 재미가 없고 대부분의 학생에게 이 설명이 어렵다는 것을 알았다.
> 그는 이 부분에 대한 텍스트를 Mendel이 19세기에 쓴 원본으로 바꾸었다. 그의 수업의 초점이 달라졌다. 교실에서는 과학자의 사후에 와서야 그가 과학에 기여했다는 것이 알려진 Mendel과 같은 몇 명의 과학자 개인사에 기초해서 과학자 간의 의사소통 문제가 논의되었다. John의 학생들은 Mendel의 법칙을 배웠지만, 과학적인 관점에서 본 사회적 맥락에 대해서도 알게 되었다.

이 경우 John은 학생의 요구와 자신의 흥미를 반영해서 교육과정 자료를 바꾼 *교육과정 변용자* curriculum adaptor라고 할 수 있다. Fullan(1982)은 교육과정을 실행하는 중에 교사는 교육과정 자료를 적절하게 바꾸어야 한다고 강조했다. 교사가 교육과정을 바꾸려는 시도와 교사 안내서나 교육과정 자료를 고수하려는 것 사이에는 문제가 발생한다. 교사가 교실에서 교육과정을 실행할 때 교육과정의 정신이나 의미를 훼손하지 않고 교육과정을 변용할 수 있는 방법이 있을까?

교육과정 개발자나 교사는 근본적으로 이러한 문제와 만난다. 예를 들어 개발자는 서로 이질적인 수많은 교실에서 수업을 해야 하는 상황을 고려해서 교육과정 자료를 개발한다. 너무 많이 바꾸면 학생의 요구를 수용한다기보다는 모든 것을 파괴하는 것일 수도 있다. '교육과정 한계'curriculum envelope라는 개념으로 이 문제를 다룰 수 있을 것이다; Bridgham(1971)은 교육과정 자료란 "교육과정을 그리는 궤도"와 같은 것이라고 하였다. 이것은 "어떤 공간에 적절한 선 하나를 그리는 것이라기보다는 교육과정 설계자가 예상하는 문제를 해결하는데 필요한 일련의 것들을 포함시키는 것"이다(p. 64). 교육과정 한계는 개발과정에서 고려해야 하는 한 가지 관점이다. 이는 수업 내용이나 방법과 관련이 있다. 예를 들어 생물과의 교육과정 자료들은 대부분 진화 개념에 기초하여 주로 발견 학습을 적용하는 경향이 있다. 개발자는 교육과정을 분석해서 텍스트가 교육과정이라는 한계curriculum envelope '안'에 혹은 '밖'에 있는지를 판단한다.

개발자는 교육과정이라는 한계 내에서 수정 및 변용을 할 수 있다. 반면, 교사는 교육과정의 범위를 넘어서기도 하고, 심지어는 교육과정의 성격조차 바꾸기도 한다. 예를 들어 생물과 교육과정에서는 생물을 대상으로 하는 실험이 중요하다. 만약 교사가 도덕성을 문제로 이런 생물 실험을 반대한다면 동일한 내용을 가르칠 수 있는 다른 방법을 찾아야 할 것이다. 교육과정 분석은 교사에게 교육과정 자료의 특성을 깨닫도록 돕는다. 이런 통찰로 교사는 자료를 해석할 수 있게 되고, 이 해석에 기초하여 수업을 계획할 수 있게 된다. 교육과정을 분석하는 몇 가지 방식에 대해서는 이후의 장에서 다룰 것이다.

생각해보기

당신은 당신이 가르치는 것을 대상으로 당신이 생각하는 교육과정의 특성을 구분해 볼 수 있다. 당신의 교육과정을 '밖'으로 확대하는 것을 옹호하고 정당화할 수 있는가? 당신이 사용하는 교육과정 자료를 획기적으로 바꾸겠다고 생각해 보라. 당신이 결정한 것과 동료들이 결정한 것을 비교해 본다면 이야기는 더 흥미로워 질 것이다.

간혹 지금 사용하고 있는 교과서와 같은 교육과정 자료를 바꾸는 것으로는 부족해서 교사가 *스스로 자신의 교과서를* 만들기도 한다. 교사를 중심으로 교육과정 자료를 개발하는 것은 정당하다. 학생의 요구를 수용하려면 상업적으로 출판된 자료가 아니라 개별화된 교육과정 자료가 필요하다. 단위 학교에서는 가족생활이나 가족계획과 같이 지역 사회와 관련된, 가령 10대의 임신 비율 증가와 같은 사회적인 이슈들을 다루어야 한다고 요청할 수도 있다. 이런 이슈와 관련해서 학생, 부모, 지역 인사들의 신념과 가치를 반영한 프로그램을 만들 필요가 있다. 즉 교사가 중심이 되어 교육과정 자료를 개발하는 것이다. 이런 형태의 교육과정은 1장에서 설명한 교육부나 교육청 중심의 교육과정과는 다르다. 지역 단위의 개발팀은 주로 교실이나 단위 학교를 중심으로 한다. 이런 학교 중심 교육과정 개발(SBCD)은 전체 학교 교육과정을 대상으로 하거나, 2개 이상의 교과를 특정 이슈나 주제를 중심으로 통합하기도 한다. 학교 중심 교육과정을 개발하기 위해서 교사의 전문성은 필수적이다.

5. 결론

이 장에서는 *교육과정*이라는 용어를 다양하게 정의했다. 이 책에서 다룬 교육과정의 개념적 기초는 Schwab(1983)의 정의를 사용했다. 그의 정의는 학생을 위한 종합적인 교육 경험을 계획하는 과정에서 교사의 역할을 강조한다. 교육과정 자료별로 교사의 전문성을 설명하고 논의하였다.

교육과정을 실행할 때 교사에게 필요한 여러 가지 맥락들을 설명했다. 다양한 종류의 교육과정 활동도 언급했다. 교사는 교육과정 자료를 선택하고, 적용하고, 구체적인 수업 상황에 어울리게 바꾼다. 가끔 교사는 자신의 것을 만들지만, 대부분은 학교 밖에서 개발한 것을 사용한다. 교사라면 누구나 매일 하는 전문적인 활동 중 하나가 교육과정 활동일 것이다.

더 읽을 자료

다음의 자료들은 교사가 교실에서 교육과정을 다룰 때 어떻게 접근해야 할지를 생각해 보는데 유용한 자료들이다.

Connelly, F. M., and Clandinin, D. J. (1988): *Teachers as Curriculum Planners: Narratives of Experience,* New York, Teachers College Press, and Toronto, OISE Press.

Connelly, F. M., and Elbaz, F. (1980): "Conceptual bases for curriculum thought: A teacher's perspective," in A. W. Foshay,(ed.), *Considered Action for Curriculum Improvement,* Washington D.C., Association for supervision and Curriculum Development, pp. 95-116.

Elbaz, F. (1983): *Teacher Thinking: A Study of Practical Knowledge,* London, Croom Helm.

교육과정에 대한 교사의 관심 3

The Teacher-Curriculum Encounter freeing teachers from the tyranny of texts

교육과정에 대한 교사의 관심 3

The Teacher-Curriculum Encounter freeing teachers from the tyranny of texts

"우리가 사는 세계는 이론보다 훨씬 더 복잡하다."
Paul Dickson, The Official Rules

1, 2장에서 우리는 교육과정 자료가 하는 기능을 살펴보았다. 나아가서 이를 교사와 관련시켜 서로 다른 여건에서 교육과정 자료를 사용하는 교사를, 선택하는 사람choice makers, 변용자adaptors, 개발자creators라고 불렀다. 또 이와 관련하여 구체적인 교사의 자질이나 전문성에 대해서도 논의했다. 교사의 자질 문제를 다루기 전에 교사가 생각하는 교육과정 자료를 살펴보자. 교사는 교육과정 자료가 어떤 역할을 한다고 생각하는가? 교사는 교육과정에 대한 전문성에 관심이 있는가? 교사가 생각하는 것이나 관심을 가지는 것을 알아야 할 필요가 있다. 그래야 교육과정 자료의 사용 혹은 개발에서 교사의 역할을 논의할 수 있고, 교사의 교육과정 자율성을 어떻게 키울 수 있을지 그 방안을 찾을 수 있기 때문이다.

1. 교사는 교육과정 자료에 대해 무엇을 알고 싶어 하는가?

교육과정에 대한 교사의 관심을 연구해 온 Ben-Peretz와 Tamir(1981)의 연구 결과를 가지고 시작해 보자. 이 연구에서는 몇 가지 점을 조사했다. 먼저 교육과정을 실행하면서 교사가 자신이 어떤 역할을 하는지를 조사하고, 이것이 교육과정에 대한 교사의 자율성 이미지와 동일한지를 알아보았다. 앞 장에서 살펴본 수많은 형태의 교육과정 자료를 사용하면서 교사는 모종의 질문을 가질 수 있다. 이러한 질문은 교육과정에 대한 교사의 관심을 반영하고 있다.

교육과정에 대한 교사의 관심을 CCI(Curriculum Characteristics Inventory)를 통해 알아볼 수 있다. 이 도구는 교사를 대상으로 하며 교육과정 자료에 대한 40개의 문항으로 구성되어 있다. 이 도구의 전체 문항은 교육과정 개발에서 무엇보다 중요한 교과, 교사, 학생 세 영역으로 구분하여 각 영역에 대한 교사의 관심을 알아볼 수 있도록 되어 있다. 따라서 이 도구를 사용해서 교육과정 자료에 반영된 교과의 성격, 학생의 특성 반영, 기대하는 교사의 역할을 알아볼 수 있다.

각 영역에서 한두 가지 문항을 예로 들면 다음과 같다.

'교과' 영역:

- 이 자료는 교과의 원리와 개념을 강조하는가?
- 이 자료는 학생에게 교과에 대한 지식을 폭넓게 제공하는가?

'학생' 영역:

- 수준이 서로 다른 학생들에게 이 자료를 사용할 수 있는가?
- 이 자료의 주 적용대상이 될 학생을 명시하고 있는가?

'교사' 영역:

- 이 자료에는 교사가 선택할 수 있는 대안이 있는가?
- 개발자의 의도를 교사 안내서에 설명하고 있는가?

교사 총 85명(중등 생물교사 72명 포함)이 CCI 설문에 응답하였다. 교사는 두 가지 방식으로 응답 할 수 있다: (1) 문항별로 그 정도에 따라 응답한다. 가장 중요하다고 생각하는 6부터 가장 중요하지 않다고 생각하는 1까지 총 6단계로 구분해서 응답한다. (2) 순서를 정한다. 중요하다고 생각하는 문항을 순서대로 5개, 중요하지 않다고 생각하는 문항을 순서대로 5개 뽑는다.

교육과정 자료에 대한 교사의 관심은 '교과' 영역이 가장 높았고, '교사' 영역이 가장 낮았다.

대부분의 교사는 교육과정 자료에서 '교과'를 가장 우선순위에 둔다는 뜻이다. 이 결과는 교사들이 수업을 계획할 때 내용을 가장 먼저 선정한다는 것을 밝힌 선행연구 결과와 일치한다(Taylor 1970; Clark and Yinger 1977). 반대로 교사들은 '교사' 영역에 대해 별 관심을 보이지 않았다. 이 결과는 교사가 내용과 학생을 중심으로 교육과정 자료를 다루며 이렇게 하는 것을 합리적이고 타당하다고 생각한다는 뜻이다. 교사는 교사로서 자신과 자료 간의 상호작용을 거의 의식하지 못하고 있었다. 중요한 문항 5개에 대한 우선순위를 정하도록 했을 때, 교사들은 '교사' 영역 내의 문항들을 뽑지 않았다. 왜냐하면 교사는 스스로 의사결정을 한다고 생각하기 때문이다. 교사는 그들의 교실 상황에 적절한 것을 습관적으로 결정하기 때문에 자료에서 제공하는 대안이나 지도서에서 중요하다고 제안하는 것들에 대해서 크게 관심을 두지 않는다.

교사가 관심을 갖는 문항의 순위를 보면, '교과' 영역에서는 "교과의 원리와 개념에 대한 문항"이 높은 순위를 차지했고, "타 교과에 관한 사전지식"이 가장 낮은 순위를 차지했다. 이 결과는 교사가 교과의 원리나 지식을 중시한다는 것을 나타낸다. 또 이 연구는 교사의 관심이 학생의 사전 학습 경험보다는 수업 시간에 학생이 학습해야 할 것에 대해 더 신경을 쓴다는 것을 알려준다. '학생' 영역에서 가장 높은 순위를 차지한 문항은 "수준이 서로 다른 학생들에게 사용할 수 있는가" 하는 것이었고, "자료의 주 대상 학생을 명시하는가" 하는 문항이 가장 낮았다. 교사는 특정 단계의 학생을 염두에 두고 개발한 자료보다는 수준이 서로 다른 학생에게 두루 적용 가능한 자료에 더 관심을 가졌다. 교사는 교실과 학생의 요구에 대한 생생한 지식을 가지고 있고, 그래서 주어진 교육과정 자료를 좀 더 쉽게 바꾸거나 수정 가능한지에 더 관심이 있었다. 교사의 관심을 가장 끌지 못한 문항이 "자료의 주 대상 학생을 명시하는가"라는 것은 교사가 목적보다는 내용과 학생 활동을 더 중요하게 생각한다는 선행 연구 결과와 일치한다.

또한 "교육과정은 목표들을 종합해 놓은 것이 아니다"라는 Schwab (1983)의 주장(p. 240)을 지지하는 결과이기도 하다. 교육과정은 교사와 학생이 교수-학습하는 곳에 살아 있는 것이다. 따라서 교사가 의식한 것이 바로 교육과정이다. '교사' 영역에서 1순위는 "교수 전략에 대한 교사의 자율권" 문항이었는데, 이 결과는 교육과정 개발자가 제시하는 방향에 대해 교사들이 거의 관심을 두지 않는다는 것을 시사한다. 즉 대부분의 교사는 스스로 자료를 적절히 사용할 능력이 있다고 생각하는 것으로 해석 할 수 있다.

교사가 교육과정 자료를 인식하는 방식은 출현적이라 복잡하다. 같은 맥락에서 교육과정에 대한 교사의 역할에 대해서도 마찬가지다. 교사는 한편으로는 교육과정에 충실해야 한다고 생각하지만, 다른 한편으로는 교육과정 실행 과정에서 자료를 의미 있게 변용하는 적극적인 사용자이며, 수정가의 역할을 한다. 그리고 그들은 이런 전문성이나 자율성을 발휘하면서 성장한다고 인식하고 있었다(Berman and McLaughlin 1977; Connelly and Ben-Petetz 1980). 교사가 처한 구체적인 상황을 고려해서 교육과정 자료를 개발하기 위해서는 무엇보다 교사의 적극적인 참여가 전제되어야 하며, 이것이 교육을 성공적으로 개선한다는 인식이 점점 확산되고 있는 것 같다. 확실히 이렇게 생각하는 교사가 점점 늘고 있다.

2. 교육과정 자료를 사용할 때 교사가 관심을 갖는 것

CCI 문항에 대한 교사의 응답을 이용하여 교육과정 자료에 대한 교사의 관심을 설명할 수 있다. 교사는 특히 *자료에서 제시하는 내용*에 관심을 가지고 있었다. 교사는 교과의 원리나 개념을 중시하며, 그래서 자신들이 사용하고 있는 자료가 이것들을 담고 있는지를 확인한다. 이런 점에서 교사는 교과 수업을 통해서 학생에게 이런 것을 가르치는 것을 중시한다고 볼 수 있다. 다시 말하면 교사는 '지식의 구조' 개념에 기초하여 교육과정을 다룬다. 교과의 원리나 개념을 강조하는 것 자체가 이를 반영한다.

이런 결론은 "교사는 학생이 교과의 기초기능이나 지식, 정보를 습득해야 한다고 생각하고 있다"는 Goodlad(1984, p. 174)의 연구 결과와 일치한다. 확실히 교사의 주요 관심사는 내용이다.

교사의 관심을 끈 또 하나는, 교육과정 자료가 *다양한 학생에게 사용될 수 있어야 한다*는 점이다. 대부분의 교실은 위계적 조직, 다양한 흥미, 능력, 지식을 가진 학생들이 존재한다. 이런 면에서 가능하면 교사는 다양한 학생을 대상으로 사용할 수 있는 교육과정 자료에 관심을 갖는다. Butt 등(1986)이 중요하게 다루는 이슈가 바로 이것인데, 한 마디로 말해서 "이것은 교육과정 적합성의 문제다. 즉 교사는 처방적인 자료, 외부에서 시행되는 시험, 특정 교과 등을 포괄하는 내용과 교수법을 제공하는 자료, 그리고 교사의 스타일이나 신념뿐만 아니라 학생의 요구나 필요, 흥미에 부합하는 자료를 선호한다"(p. 316). 앞에서 보았듯이 교사는 자신이 자료를 '선택하는 사람'이라는 점을 인식하거나 별로 관심을 두지 않았다. 왜냐하면 이것은 교사가 교육과정을 실행할 때 당연히 해야 하는 역할이기 때문이다.

Lortie(1975)도 교사가 교육과정 자료를 사용할 때 어떤 관심을 갖는지 궁금해 했다. 교사는 자료의 질에 관심이 많았고, 더 좋고 최신인 자료를 선호했다. Lortie는 교사가 원하는 교육과정 자료란 학생에게 선택할 수 있는 기회를 많이 주는, 더 쓰기 쉽고 더 유용한 것이라고 밝혔다.

생각해보기

당신은 당신이 사용하는 자료에 대해 어떤 관심을 가지고 있는가?

> 당신은 당신이 사용할 교육과정 자료를 혼자서 정하는가? 그렇다면 어떤 것이 당신의 결정에 영향을 미쳤는가? 이런 문제에 대해 당신의 동료들과 이야기해 보라.

3. 교육과정 범위의 문제

교육과정 자료에 대해 교사들이 꾸준히 관심을 보이는 주제는 자료가 교육과정을 아우르는가 하는 문제다. 교사는 교육과정 자료가 시험에 나오는 내용을 다루고 있는가 하는 문제에도 매우 민감하다. 일부 교사는 학생들이 앞으로 치룰 시험을 준비한다는 관점에서 수업을 하기도 한다(Ben-Peretz 1980b). 특히 외부에서 치루는 시험 내용이 수업에 영향을 미친다.

Connelly 등(1978)은 생물과 교사를 대상으로 그들이 수업을 할 때(교육과정 실행) 그들이 사용하는 교과서가 생물학 원리나 생물 지식을 다루고 있는지, 그것이 시험 문제와 일치하는지를 확인한다는 것을 발견했다. 생물 교사가 가르친 것이 실제로 시험에 영향을 미치는지를 조사한 Tamir와 Glassman(1971)의 연구에서도 비슷한 결과가 나왔다.

교과 지식을 학생에게 가르치는 것이 종종 시험과는 무관하거나 변변찮은 결과를 낳기도 하기 때문에 이 '범위' 문제는 생각보다 복잡하다. 이런 사례를 보여주는 것이 바로 이스라엘에서 일어난 유대인 학살에 관한 단원이다. 1980년대 고등학교 12학년에게 이 주제는 필수였다. '기본 사실'을 다룬 30시간짜리 교과서가 개발됐다. 그 중 2개는 지금도 많은 고등학교에서 사용하고 있다. 30시간용 자료가 '커버한' 것은 만족할 만한 결과를 낳지 못했다. 1980년대 고등학교에서 이 자료로 수업을 한 후에 Haifa 대학교의 교육학부에 입학한 학생 중 대학에서 유대인 학살 강좌를 선택과목으로 듣고 있는 학생들을 대상으로 조사한 결과, 이 과목이 굉장히 흥미 있었다고 회상하는데도 불구하고 유대인 학살에 대한 기본 정보를 알지는 못했다(M. Lifmann, personal communication).

이 장에서 다루고 있는 이슈는 교육과정을 커버하는 것과 의미있는 학습 경험을 이끌기 위해서 자료를 융통성 있게 변용하는 것, 이 둘 사이의 균형을 어떻게 유지할 것인가 하는 것이다.

4. 교육과정 자료 개발 지식의 부족

교사들이 관심 있어 하는 것을 하나 더 언급해 보자: 교육과정 개발 지식과 참여 기회가 부족하다는 것이다. 교육과정 개발 관련 지식이 부족한 교사는 교육과정 자료를 창의적으로 융통성 있게 사용하는데도 한계가 있다. 그래서 교사 교육을 하는 대학에서는 외부에서 개발한 교육과정 자료에 의존하지 말라고 한다. Loewenberg-Ball과 Feiman-Nemser(1988)는 좋은 교사를 양성하고자 한다면 예비교사가 교사교육을 받는 동안 교과서나 지도서를 사용하지 않고 "모든 것은 내가"라는 각오로 임하게 해야 한다고 지적하였다(p. 414). 여기에 중요한 딜레마가 있다.

외부에서 만든 교육과정 자료를 사용하거나 특정 학생이나 교사가 가진 구체적인 요구를 반영하지 못하는 (예비)교사는 자신이 교육과정을 개발하는데 필요한 지식이나 경험이 부족하기 때문이다. 이점을 알아야 한다.

교사교육에서 교육과정 계획에 관한 교육은 거의 이루어지지 않는다. Silberstein(1982)은 교육대학의 교수들이 예비교사가 대학을 다니는 동안 교육과정 실행가나 교육과정 개발자로서 활동할 수 있도록 준비를 시키지 못하고 있다고 지적한다. 주로 수업을 계획해 보게 하고 또 실행해 보게 하는 훈련은 시키지만, 교육과정 자료를 개발할 수 있도록 교육시키지는 못하고 있다.

이러한 이유로 교사는 교육과정 계획에서 더 나은 위치를 갖기 어렵게 되었다. Goodlad(1984)는 교사교육과 연계하지 않고는 교육과정을 개선할 수 없다고 주장한다. 단적으로 말하면, 교사는 교사에게 필요한 교육과정 개발 지식을 거의 갖추지 못하고 있다. 이를 두고 Rudduck(1987)은 "교사에게는 교육과정 문해력을 확보할 기회가 거의 없었다"고 말한다(p. 82).

네덜란드 교사를 대상으로 교사의 과제나 전문 능력을 연구한 Tilemma와 De Jong(1986)은 36%의 교장 및 교사, 67%의 사회리더들이 교육과정 개발을 위한 교사교육이 필요하다고 인식하고 있음을 보고했다. 교사들이 수행하는 정규 수업과 교육과정을 직접 관련시킬 수 있는 것은 전문성이 요구된다. 이 연구 결과는 교사교육이나 교사연수 분야에서 교육과정 문제를 심도 있게 다루어야 함을 시사한다. 우리는 이 문제를 7장에서 다룰 것이다.

5. 교육과정 개발자가 주장하는 교사의 역할

재미있는 것은 교육과정 개발자들은 교육과정 개발에서 교사의 역할이 모호하다고 생각한다. 6개의 교과에서 제공하는 교사용 지도서를 분석한 결과, 단 3개만이 교사가 실행가로서의 권한(자율권)을 가지고 있음을 규정하고 있었다(Silberstein and Ben-Peretz 1987). 이 지도서에는 교사에게 개발자들이 무엇을 근거로 교육과정 자료를 개발했는지 정보를 제공하고, 교사에게 자료를 바꿀 수 있도록 권고하며 심지어 조언까지 해 준다.

이런 점에서 교사는 교과 전문가며, 수업 전문가다. 다른 지도서에서는 교사가 교육과정 자료를 사용하면서 바꿀 수 있는 기회를 거의 주지 않았다.

교육과정 개발자나 교과서 저자가 선정한 것에 대한 정보가 부족하면 교사가 교육과정을 합리적으로 선정하고 바꾸기는 힘들다. 예를 들어 교육과정 개발자는 8학년 생물 교과서에 다음과 같은 내용을 넣기로 했다:

> 대부분의 연구자들은 다양한 작물에 필요한 줄 물의 양을 가능한 한 줄일 수 있는 방법을 찾기 위해 수많은 노력을 쏟아 왔다. 그런 노력 중 하나로 감귤류 나무를 발견했다. 1970~1971년에 감귤류 과수원이 소비한 물은 33억 6천만 입방미터였다(CM - 식물과 환경).

개발자는 물 부족 문제를 학생의 일상적인 경험과 관련시켰기 때문에 학생에게 적절한 동기를 유발할 것이라고 의도했다. 개발자의 이런 의도를 인식하지 못한 교사는 이 글을 중요한 내용으로 여겼다. 심지어 어떤 교사는 학생에게 텍스트의 내용을 암기하도록 요구했다. 교육과정 자료가 선정한 구체적인 내용이나 방식을 교사와 공유하는 것은 교사가 해야 할 또 다른 선택과 활용을 위한 것이다.

Rudduck(1984)은 "교육과정 개발자가 종종 교육과정 문해력을 갖춘 교사를 배출하는 일보다 자신이 선정한 것에 대한 '칼럼이나 해설'에 더 관심을 기울인다"고 언급하였다(p. 82). 이런 상황을 어떻게 바꾸어야 하는가? 교사의 전문성을 개발해야 한다. 이를 위해서는 이 문제를 공유해야 하고, 교사의 수행 행위를 조언해야 한다. 또한 교육과정을 계획할 수 있도록 도와서 수업의 질을 향상시킬 수 있도록 해야 한다. 교사를 지원하는 이런 차별화된 절차를 만들면 교사의 전문성 개발이 가능할 것이다.

6. 결론

교사는 일상적으로 여러 가지 형태의 교육과정 자료를 다룬다. 교사는 늘 교육과정 자료를 사용하고, 가끔은 근무하는 단위 학교에서 교육과정 개발에 참여하기도 한다.

교사는 교육과정 자료에 대해 여러 가지 관심을 가지고 있으며, 때로는 너무 많은 교육과정 자료에 파묻혀 있기도 하다. 교사가 겪는 딜레마 중 하나는 교육과정에 대한 자율성으로 인해 오히려 혼란스럽다는 것이다. 겉으로 보기에는 가르치는 내용과 방법을 선정할 자율권이 교사에게 있는 것처럼 보이지만(Goodlad 1984), 교육과정 자료에 대해 교사가 어떤 역할을 하는지는 실제로 모호하다. 교사는 외부에서 개발한 교육과정 자료를 충실하게 실행해야하는가 아니면 변용해야 하는가? 자신이 사용할 교육과정을 만들어야 하는가? 교사가 이런 역할을 어떻게 할 수 있는가? 교사는 스스로 교육과정을 계획할 수 있는가? 대부분의 학교에서 교사들이 교과서를 페이지별로 가르치는 상황 속에서 교사의 자율권은 단지 신화나 슬로건일 뿐인가? 여전히 교사들은 교과 수업을 계획할 때 여러 가지 형태의 교육과정 자료들을 해석하고, 문서로 주어진 교육과정을 구체적으로 경험 할 수 있는 학습으로 계획하여 '사용할 수 있는 교육과정'curriculum in use으로 변환한다. 교사는 학급의 학생들을 잘 알고 있으며 복잡한 교실 상황에도 익숙하다. 또 교사가 추구하는 것이나 선호하는 것이 있다. 이런 것들이 교육과정 개발자가 우선시하는 것들과 일치하지는 않는다. 광범위한 교육과정 자료 개발에 '교사를 배제' teacher-proof하는 대신, 선정 활동을 기반으로 교사들이 '교육과정 가능성'을 실현할 수 있도록 지원해야 한다. 또한 교육과정 개발자가 개발해서 보급하는 자료를 학교에서는 엄격한 방식으로 실행하는 것이 아니라, 교사들의 수업 계획을 하면서 융통성 있게 활용할 수 있다는 사실을 인식해야 한다. 교사용 지도서가 개괄적인 것이든 상세한 것이든 교육과정 자료는 교실의 학습 조건에 맞춰서 학생이 학습할 수 있는 절차로 다시 만들어야 한다. 넓게 보면 학습의 과정과 결과는 모두 교육과정 자료를 해석할 줄 아는 교사의 전문성에 의존한다. 다음 장에서는 교육과정에 대한 교사의 전문성을 강화하기 위한 것들을 살펴 볼 것이다.

더 읽을 자료

교사 및 교사가 매일 수행하는 일에 대해 더 알고 싶다면, Dan Lortie의 책 schoolteacher: A Socialogical study (1975): Chicago, University of Chicago Press를 보라.

또 교사의 관심사에 대한 책으로는 R. Halkes and J. K. Olson의 편저, *Teacher Thinking: A New Perspective on Persisting Problems in Education* (1984): Lisse, Swets and Zeitlinger을 보라.

교사-교육과정의 관계에 대해 궁금하다면, "Teachers and curriculum materials: Who is driving whom?“ by A. Reynolds et al. (1988): *Curriculum Perspectives 8,* 1:22-29.을 보라.

교사의 교육과정에 대한 의사결정을 다룬 다음의 논문: MacDonald, R. A., and Leithwood, K. A. (1982): "Toward and explanation of influcnces on teachers' curriculum decisions," in K. A. Leithwood (ed.), *Studies in Curriculum Decision Making,* Symposium series 13, Toronto, OISE Press. 도 있다.

교육과정 가능성의 개념 4

교육과정 가능성의 개념 4

"모든 것은 아름답다. 그러나 모든 사람이 그것을 볼 수 있는 것은 아니다"
공자

지금까지 실제로 교사가 다루는 교육과정들을 살펴보았다. 그리고 교사가 교육과정에 어떤 관심을 가지고 있는지도 알아보았다. 교사는 학교에서 매일 학생을 가르치면서 다양한 교육과정 자료를 통해서 교육과정을 만나고 있다.

이쯤에서 교육과정 자료의 성격으로 방향을 바꿔 볼까 한다. 교육과정을 의도적인 것으로 보든 의도하지 않은 것으로 보든 교육과정 사용자가 교육과정을 사용하기 위해서 해석을 하는데, 여기서 발생하는 것이 가능성educational potential이라는 용어이다(Ben-Peretz 1975). 이 장에서는 교육과정 가능성이라는 용어를 자세히 살펴 볼 것이다. 그리고 이 용어가 교육현장에 어떤 시사점을 주는지 논의할 것이다.

1. 교육과정 자료가 가지고 있는 가능성

교육과정 자료는 개발자의 의도를 담고 있다. Schwab(1973)은 이런 개발자의 의도가 교사들에게 꼭 해야 하는 것의 의미로 전달되고 있다고 경고하였다. 실제 교실에서 교사는 이런 의도를 모호하게 경험한다. 그래서 이런 의도를 명확히 하기 위해 간결하게 나타내거나 수정하기도 한다. 자료에 나타나 있는 아이디어나 활동은 자료를 구현하는 과정에서 구체적인 경험으로 전환된다. 이런 구체화 과정에서 개발자의 의도가 그대로 구현되기도 하지만, 전혀 다른 것으로 바뀌기도 한다.

이런 경우를 한 번 보자. Hamilton(1975)은 스코틀랜드의 두 학교를 대상으로 각 학교에서 운영한 과학과 교육과정 실행을 기술하고 분석하였다. 주요 특징은 (1) 물리, 화학, 생물을 통합한다는 것, (2) 이 세 영역의 과학을 한 교사가 가르친다는 것, (3) "발견학습법을 구조화해서" 적용한다는 것(학생은 교과서에서 제시한 활동과 교사가 기안한 조사 활동에 참여했다), (4) 설정한 목표에 도달했는지를 평가하기 위해서 객관식(4지 혹은 5지 선다형)시험을 친다는 것이었다. 학습을 개관화한 읽기자료, 권장하는 활동 리스트, 내용을 개관한 자료, 210개의 목표, "발견 학습"용 학생 활동지를 포함한 일련의 교육과정 자료를 한 세트로 제공했다. 이 연구에서 Hamilton이 관찰한 두 개 학교의 과학 수업 중 한 학교에서는 과학을 분과로, 다른 한 학교는 통합과학으로 실행했다.

Hamilton은 "제시한 활동지는 실러버스로 사용하였고, 학생에게 활동을 하도록 하는 대신 주로 교사가 설명하였고, 교사 위주의 수업이었다"(p. 187)고 진술하였다. 교수 형태는 시간과 "궂은 날씨" 같은 주변의 상황에 영향을 받았다고 하였다. 자료에서 의도한 것은 학생이 학교 운동장에 나가서 나무 이름을 찾아보는 것이었지만 교사는 조사활동 대신 나무 이름들을 설명하였다. 또 중간고사 전에 두 번의 시험을 보았다(p. 197). 이 경우, 우리는 교육과정 개발자가 의도한 것과 실제가 얼마나 다른지를 확인할 수 있었다. 발견 학습이라는 개방적인 학습과 시험은 서로 상충했다. 시험은 진단 역할을 하기 보다 학생의 성적을 매겼다. Hamilton에 따르면, 학생 몇 명만 시험을 학습과 연계해서 인식했는데 그들은 과학 시험을 보는 이유를 학습 그룹을 재조직하기 위한 것이라고 인식하고 있었다. Hamilton은 이런 "의도하지 않았던 것이 나온 것은 교사의 오역 때문"이라고 주장했다(p. 200). 예를 들어, 성취 정도를 기준으로 반편성을 하기 위해 친 시험은 학급이나 학생을 성적으로 순위를 정하는 결과를 낳았다. Hamilton은 "교육과정 자료나 교사용 지도시에 제시한 목표와 목적은 실제에서 재해석 된다"고 주장했다(pp. 190-191). 교육과정 실행에 대한 Hamilton의 분석은 자료 개발자의 의도가 어떻게 바뀌는지를 보여준 일례였다.

또 다른 사례연구에서는 교사가 학생의 요구를 반영해서 교육과정 자료 개발자의 의도를 바꾸었다고 분석하였다(Ben-Peretz 1975). 이 사례는 초등학교용 새 수학 프로그램인데 여기에는 자료카드가 포함되어 있었다. 개발자가 의도한 것은 1차적으로 자료카드를 사용하여 기하학과 함수를 가르치는 것이었다. 교수 전략은 개별 학습이었고 학생은 스스로 공부하면서 시험도 친다. 교사가 개입할 필요는 거의 없었다. 물론 이 교육과정 자료에는 읽기 자료가 거의 없었다. 이 카드는 학생이 방향성을 잃지 않도록 하기 위해서 개발자가 구안한 것이었다. 그런데 이 자료는 개발자가 의도하지 않은 방향으로 실행되었다. 이 교육과정 자료에서는 교사가 학생의 학습 과정에 거의 개입할 필요가 없도록 되어 있었지만 몇 몇 교사는 매우 적극적으로 개입하였다. 또 학생의 이해를 돕기 위해 몇 가지 읽기자료도 사용하였다; 어떤 교사는 학생에게 이 카드의 특징을 말하도록 하거나 학생이 생각한 것을 글이나 그림으로 표현하도록 했다. 이처럼 제공한 카드는 수학 개념을 학습하기 위한 것이었지만, 실제로는 학습활동을 촉매 하는 자료로 사용되었다. 나아가서 국어와 같은 타 교과에도 사용하였다.

이 두 사례는 모두 개발자의 의도를 넘어서는 것은 자료를 사용하는 교사가 그것을 해석하기 때문임을 증명하고 있다. 통합과학 사례는 자료를 잘못 사용한 것을, 새 수학 사례는 활동을 바꾼 것을 보여 주고 있다. 이것은 교사의 자료 해석을 통한 교육과정 가능성을 드러낸 것이다. 두 사례 모두 Schwab(1973)의 주장, 즉 교육과정 자료를 사용할 때 교사는 이 자료를 재해석하기 때문에 실제로 교실에서 경험하는 교육과정은 원래 모습이 아니라는 주장을 다시 한 번 확인시켜 준다.

교육과정 가능성은 두 가지에 의해 발생한다. 하나는 자료의 성격이다: 복합적이고 종합적인 자료일수록 활용 가능성은 더 풍부하다. 다른 하나는 다소 제한적이고 표준화된 자료를 사용하기 보다는 흥미 있는 경험을 만들어낼 때 교육과정 가능성이 발생한다는 것이다. 교육과정 가능성을 “읽는다는 것은” 자료 자체의 성격뿐만 아니라 교사의 해석 능력teachers' interpretive abilities, 전문가적 상상력teachers' professional imagination과 관련이 있다.

이러한 능력을 개발하는 방법에 대해서는 다음 장에서 다룰 것이다.

Meyer(1972)는 교사의 교육과정 해석에 대한 경험적 증거와 교육과정 가능성이라는 실체를 개념화하고자 했다. Meyer는 전형적인 교육과정 개발 모형은 대부분 연역적이라는데 문제가 있다고 지적했다. 개발자는 학습 내용이나 활동을 선정하는 기준으로서 목표를 설정하면서 교육과정 자료를 개발하기 시작한다. 그러나 교수 절차는 목표에서 출발해서 내용이나 활동으로 이어지지 않는다. 즉 교수 절차는 그렇게 합리적이지도 연역적이지도 않다. 여러 내용이나 활동이 하나의 목적에 연결되어 있기도 하고, 서로 다른 목적이 하나의 내용이나 활동을 통해서 달성되기도 한다. 또한 하나의 활동이 서로 다른 여러 개의 목적에 연결되기도 한다.

이런 점은 다음 두 가지 사례에서 확인할 수 있다.

환경에 관한 인간의 책임감 증진을 위해서 교육과정 개발자는 인간 존재의 독특성을 강조하고 인간이 생태계의 다른 개체들을 보호해야 한다는 의무를 강조하였다. 반면, 같은 의도와 목적을 둔 다른 개발자는 인간 중심을 최소화하고 인간과 다른 개체의 공존을 강조하였다. 두 접근 모두 환경에 대한 책임감을 강조한다. 이 예는 같은 의도나 목적을 가진 것이라도 실제 교육과정 자료는 서로 다를 수 있고 따라서 가르치는 내용이나 교수 전략도 서로 다를 수 있다는 것을 보여준다.

또한 하나의 교육과정 자료가 서로 다른 여러 개의 목적에 기여한다는 사례도 있다. 어떤 개발자는 진화 이론을 다루고자 진화 이론과 관련된 유명한 Scopes 재판을 내용으로 선정하여 교육과정 자료 단원을 개발하였다. 이 자료를 선정할 때는 "학생은 과학과 사회의 복잡한 관계에 대한 통찰력을 기른다"라는 다른 목적도 고려했다. 또 "미국의 사법 기구에 관한 통찰력을 기른다"는 목적을 설정한 사회 과학 프로그램으로, 교실에서 재판을 재연하는 드라마 프로그램에서도 활용하였다. 이와 같이 하나의 교육과정 자료 단원을 여러 가지 목적으로 사용할 수 있다.

이렇게 교육과정 실행 상황이 불확정성을 띤다는 것은 교육과정 자료가 순수하게 저자의 의도만 담고 있다고 보기 힘들다는 의미다. 모든 교육과정 자료는 미리 정한 목적이나 목표보다 더 복잡하고 더 풍부하게 활용되는 가능성을 가지고 있다. 만약 우리가 교육과정 자료를 일련의 개발 과정에서 만든 최종산물로 간주한다면, 교사의 해석은 자료에서 제시한 것 중 하나여야 할 것이다.

Tyler(1949)는 동일한 목적을 위한 여러 종류의 경험이 있을 수 있으며, 반대로 하나의 경험이 여러 가지 목적 달성에 기여할 수 있다는 사실을 숙지하고 있었다. Atkins(1970)는 빨대로 애벌레를 부는 활동이 얼마나 많은 목적을 성취할 수 있는지 입증하였다. 이 활동은 본래 애벌레 행동을 알아보기 위한 학습용 자료로 개발한 것이었지만 환경을 조종하는 능력에 대한 학습, 플라스틱 빨대의 여러 가지 활용법에 대한 학습 등 다른 '목적'을 성취하기 위한 것으로도 활용되었다. 이 예 역시 교육과정의 '연역적인 문제'에 대한 반례다.

2. 교육과정 가능성과 의도하지 않은 학습

이 문제는 한편으로는 수업에서 '의도하지 않은 결과unintended outcomes'(혹은 우발적인 학습incidental learning이라고도 부른다)라는 문제를, 다른 한편으로는 교사가 개발자의 의도를 넘어서서 교육과정 자료를 해석할 수 있는가 하는 문제를 제기한다. 의도하지 않은 결과는 어떤 상황에서 수행하는 수업이든 모든 교수행위에서 불가피하게 발생한다. 예를 들어 교사가 수학을 이해하는 자신의 능력을 의심하는 것은 수학을 가르치는 스타일에 영향을 미쳐 의도하지 않은 결과를 초래한다. Jackson(1986)은 교사의 교수행위에 대한 도덕적 측면과 교수의 질적 차이를 유발하는 변형적 측면이 있다고 했다. Jackson은 실제로 "교사는 궁극적으로 그리고 끈기 있게 특징을 바꾸고, 가치를 불어넣고, 태도를 형성하고, 새로운 흥미를 불러 일으켜 적어도 학생 중 몇 명만이라도 성공적으로 '변하도록' 한다"고 주장하였다(p. 123).

Jackson이 묘사한 이런 것은 의도하지 않았던 결과라고 할 수 있다. Jackson에 따르면, 교과가 학생이 변하는 데에 어떤 영향을 미치는가를 알 수 있는 공식은 없으며, 그것을 교사에게 가르치기도 힘들다고 했다. 그러나 Jackson은 교사가 학생에게 영향을 미치는 모델링 같은 특성한 '방식'이 있다고 주장했다.

교육과정 가능성이 나타나는 방식은 매우 다양하다; 이런 차이는 우연이라기보다는 교사가 교육과정 자료를 해석하는 숙련이나 숙고의 정도에 따라 다르다. 교사가 구체적인 경험을 구인하기 위해서 고심할 때, 그리고 교육과정 개발자가 제시하지 않은 것을 사용하고자 할 때 해석을 한다. 이렇게 교사가 교육과정을 해석하는 일은 매우 중요하며, 교육과정 자료를 융통성 있고 또 적절하게 사용할 수 있도록 한다.

3. 교육과정 가능성과 잠재적 교육과정

'교육과정 가능성'curriculum potential이라는 개념은 '잠재적 교육과정'hidden curriculum이라는 개념과 어떤 관계가 있는가? 이 둘은 동일한 것인가?

Martin(1976)의 정의에 따르면, "잠재적 교육과정은 의도하지 않은 것을 배운다는 것으로 볼 때, 그것은 학교 안팎의 상황에서 일어난다."(p. 137). Gordon(1988)은 잠재적 교육과정을 "학교라는 곳에서 하는 교수과정에서 환경적, 사회적으로 전달되는 의도하지 않는 메시지"로 정의하였다(p. 425). 잠재적 교육과정이나 의도하지는 않았지만 전달되는 메시지는 주로 가치, 태도, 신념 등이다. 이런 의도하지 않은 학습도 교실에서 교육과정을 사용하는 중 혹은 교실에서 생활하는 중에 일어난다.

이런 정의들은 개발자나 정책가들이 주로 접근하는 명시적 교육과정의 의도성과 반대되는 '의도하지 않음'unintendedness을 강조한다. Martin(1976)은 "잠재적 교육과정을 의도했건 의도하지 않았건 학생이 저절로(무의식적으로) 학습한 것이다"라고 정의한다(p. 144).

여전히 이런 정의에서도 의도는 학생에게 알려지지 않으며 드러나지 않는다.

교육과정 가능성은 교육과정이 함축하고 있는 것이다; 이런 면에서 잠재적 교육과정과 유사하다. 그러나 결정적인 차이가 있다. Martin(1976)은 "어떤 면에서 교육은 의도적으로 표현할 수는 없지만 학습할 수는 있다"고 했다(p. 141). 이런 의미에서 잠재적 교육과정은 불가항력적이며 자연스러운 것이다. 반면, 교육과정 가능성은 자연적으로 일어나는 것이 아니다. 교사는 능동적으로 의도적으로 주어진 상황에서 교육과정 자료를 다양하게 사용한다. 무엇보다도 교사가 교육과정을 이렇게 사용하거나 사용하고자 하는 것은 주어진 교육과정을 학생을 위해서 다양하고 개방적으로 만드는 일 중 하나다. '교육과정 가능성'의 개념과 '잠재적 교육과정'의 개념은 교육과정에 숨어있는 것이라는 공통점을 갖고 있다. 두 경우 모두 교사가 그것의 존재를 인식하기 전에는 커버하기 힘들다. 잠재적 교육과정은 주로 부정적인 영향을 미치는 것으로 받아들여지는 반면, 교육과정 가능성은 교육과정에 대한 의식과 관련된 것으로서 상당히 긍정적인 것으로 받아들인다. 그렇다고 하더라도 두 개념은 상당히 유사하며, 교사에게 잠재적 교육과정에 대한 인식은 교육과정 가능성을 개발하는 출발점이 될 수 있다.

4. 교육과정 가능성과 영교육과정

실제로 학교에서는 명시적explicit, 잠재적implicit, 영null 3개 정도의 교육과정을 발견할 수 있다(Eisner 1979). 우리는 명시적 교육과정과 잠재적 교육과정에 대해 논의하였고, 이제 교육과정 가능성과 '영 교육과정'을 관련지어 보자.

영 교육과정은 교육과정을 교과로 구성하면서 제외되고 누락된 것에 관심을 갖는다. 교육과정에 모든 것을 담을 수는 없다. 결정이라는 것을 하면서 우리는 어떤 것을 버리게 된다. 예를 들어, 생물 교육과정 자료는 진화의 개념을 빠뜨릴 수 있다. 이런 생략은 의도적인 것이며, 이데올로기의 영향도 받는다. 생략한다는 것은 의도적인 것으로 개발자의 고민의 결과다.

때로 이런 일은 개발자의 지식의 부족으로 인해 발생하기도 한다. 예를 들어, 과학 교육과정 개발자가 과학의 역사와 철학을 잘 모르면 이 내용을 빠뜨릴 수도 있다. 의도적이든 비의도적이든 영 교육과정을 인식하는 것은 중요하다. 왜냐하면 미래 사회 구성원으로서 학습자가 획득해야 할 지식을 결정해야 하기 때문이다. 교육과정 가능성 개념에서도 영 교육과정의 개념은 중요하다(Connelly and Clandinin 1988). 교육과정에서 빠진 부분을 교사가 찾아내면서 교사는 자신의 교육과정 자료를 만들기 시작한다. 예를 들어, 어떤 교사가 주어진 교육과정 자료에서 특정 과학자에 대한 역사적, 개인적 정보가 부족하다고 생각하면 빠진 내용을 추가해서 수업 자료를 만들 것이고, 이렇게 만든 자료를 주어진 자료와 연계해서 사용할 것이다.

교육과정 가능성의 개념은 교사가 자료를 대상으로 하는 상호작용이다. 자료는 출발점을 제공하며, 교사는 자료에 자신의 아이디어를 반영하기 위해 교육과정을 통찰하고, 교육학적 지식을 활용하여, 자료를 창의적으로 사용한다. 자료가 가진 풍부한 내용, 유연한 구조가 교육과정 자료의 가능성, 다양성, 풍부함의 범위를 결정한다. "좋은 교육과정 자료는 서로 다른 상황, 다른 사용자를 위한 여러 가지 가능성을 가지고 있다"(Connelly and Clandinin, 1988, p. 152). 교사가 발휘할 수 있는 교육과정 자료의 가능성은 교사가 가진 교과의 지식, 교수 경험, 교실에 대한 이해와 느낌, 상황 해석력, 새로운 생각을 수용하는 개방성 등에 달려 있다. 예를 들어, 학생의 엉뚱한 질문뿐만 아니라 설비가 부족한 교실과 같은 상황을 다뤄 본 경험이 있는 교사는 그들이 생각한 가능성에 기초해서 주어진 자료를 새로운 방식으로 사용한다.

생각해보기

지금까지 살펴본 교육과정 개념은 교육과정 가능성, 의도하지 않은 학습, 잠재적 교육과정, 영 교육과정이다. 이제 여기서 당신이 사용하는 교육과정 자료와 당신의 교수에 대해 생각해 보는 것이 좋을 것 같다. 자료에서 제시하는 의도를 넘어서 교실에서 하고 싶은 것을 생각해 보라.

그 자료를 어떻게 사용하면 당신의 교수의 질을 높일 수 있을까? 당신이 사용할 자료에 포함해야 할 것과 빼야 할 내용이나 활동 목록을 작성해 보라. 이 과정에서 당신은 어떤 종류의 지적 도구를 사용하였는가? 어떤 가치나 태도를 찾았는가? 자료를 다르게, 창의적으로 사용한 일화를 적어 보라. 당신이 고민한 교육과정에 학생을 어떻게 참여 시킬 것인가? 당신이 생각한 교육과정 가능성에 대해 동료들과 이야기 해 보라.

5. 교육과정 가능성의 예

이제 우리는 다른 상황에서 교육과정 가능성의 예를 살펴볼 것이다. 첫 번째 사례는 역할극을 활용한 과학-테크놀로지(CM-CREST)교육과정 실행에서이다. 역할극을 하는 목적은 학생이 테크놀로지나 과학이 미치는 영향을 파악할 때 사회적, 정치적, 경제적 요소로 설명하도록 하기 위해서다. 단원 설정에서 제시한 방법은 조사학습이었다. 학생은 배경이 되는 정보를 받아서 스스로 조사를 한다. 조사 활동을 한 후 학생은 자신이 조사한 것을 가지고 모의 자치단체(도시, 주) 중 하나를 선택하여 '의회'council meeting에 참여한다. 이 단원에서는 학생이 역할극을 할 때 자신의 생각을 포함해서는 안 된다고 규정했다. 왜냐하면 역할 카드에서 정해 준 인물을 대변하는 역할을 해야 하기 때문이다. 학생들은 미국 역사에서 등장해 온 갈등을 재연한다. 그들은 문제를 해결해야 하고, 개발자는 학생이 미래의 문제 상황을 만났을 때 이런 식으로 문제를 해결할 수 있기를 희망했다.

이 단원을 지도할 교사들이 교육과정 미팅에 참석했다. 여기에 참여한 한 교사의 말을 들어보자:

> 우리는 충분한 시간을 가지고 첫 미팅을 했어요. 우리는 약간의 시간을 들여서 역할 카드(성, 역할, 이름 등)를 만들었어요. 우리는 학생이 주제에 대해 조사하고, 학생들이 비공식적으로 이슈화하고 있는 것을 논의하도록 소위원회를 개최했어요. 의회에서 최종 결정을 하는 것이 아니라, 의사 결정하는데 영향을 미치는 여러 가지 요소나 의사 결정하기 힘든 점을 논의하도록 했어요.
> 참석한 인물은 각자 상당히 포괄적인 의사결정이 가능하다고 인식했어요. 대부분의 학생들이 자신의 역할 카드의 인물을 조금씩 수정했고, 자신이 생각하기에 중요하고 관련이 있다고 생각하는 것을 포함했어요. 그들이 미래에 사회 구성원으로서 어떤 결정을 해야 할지에 근거해서 수행 가능한 모든 역할을 토의했어요. 마무리 활동에서 우리는 단원에서 제시한 질문들을 다루지는 않았어요.

교사는 이 단원을 해석하면서 어떤 경험을 했는지를 대해 다음과 같이 설명했다.

> 되돌아보면, 지난 학기에 했던 두 개의 선택 단원이 CREST 프로그램에 영향을 미친 것 같아요. 우리는 테크놀로지가 우리 사회를 어떻게

> 바꿀 수 있을지를 다룬 Aldous huxley의 소설 'Brave New World'를 공부했어요. 또 John Wyndham의 'The Crystallides'와 Walter M. Miller, Jr의 'Canticle for Leibowitz'라는 소설을 읽었는데, 이 두 소설은 핵 재앙 후의 사회변화를 다뤘어요. 이런 관점에서 우리는 소설을 분석하고, 학생들은 대재앙 이후의 사회에 대해서 다양하게 탐구했어요. 그들은 초기 생존자(나중에 우리는 노동자, 엘리트 등으로 분류해서 인구수의 분포 상황을 개관했어요)를 선택했고, 그들이 만든 사회의 정치적, 경제적, 종교적 성향을 정했어요. 과학-테크놀로지-사회과를 연계한 이런 주제를 다루다 보니, 나는 자료에서 벗어나 CREST 프로그램에서 제시한 구체적인 목표를 넘어서야 한다는 생각을 했어요. 나는 목적을 바꾸어야 한다고 느꼈고, 학생에게 사회적인 측면에서 과학이나 테크놀로지를 볼 수 있도록 했어요[강조].

이 교사는 주어진 단원에서 교육과정 가능성을 어떻게 이끌어냈는지 자신이 수행한 과정을 설명하였다. 이 단원을 해석하는데 영향을 미친 것은 그녀가 이전에 가르친 문학 수업 경험과 그녀의 개인적인 태도와 신념이었다. 예를 들어, 교사는 주어진 자료에 기술된 역할을 재설정하였다. 가령, 그녀는 "카드에 기술된 남성의 이름은 고학력의 지위가 높은 사람처럼 생각되었다"고 말했다. 그녀가 자료를 이렇게 해석함으로써 몇 가지 학습 활동을 바꾸었다. 그녀의 이런 기획에 영향을 미친 것은 이전에 한 소설 수업 경험이었다. 이것은 자료의 가능성에 기반하여 교사가 수업을 기획한 것으로 교과를 '가로 질러 상호 교류한'cross-fertilization 흥미로운 사례다.

교육과정 가능성을 보여주는 두 번째 사례는 4개의 사회과 수업을 분석한 연구에서 찾아볼 수 있다(Gudmunsdottir 1988). 이 수업 4개 중 하나는 일반 학교에서 미국 역사를 가르치는 역사 교사가 경험한 교육과정 가능성이다. 교육과정에서는 콜럼버스가 미국을 발견한 그 시점부터 오늘까지를 다루고 있었다. 교과서는 이 내용을 연대기별로 나눠 제시하였다. 교사가 다루는 것이 꼭 교과서와 일치해야 하는 것은 아니다. 이 교사는 교육과정에 기초해서 4개의 '이야기'를 만들었다: "4개의 이야기는 기회의 성장, 발견의 시대, 문화 충돌, 문화와 관습의 변화였다. 각 이야기는 교육과정에 있는 다른 내용을 기초로 하였고, 이전에 배운 내용을 연결하였다"(Gudmunsdottir 1988, p. 6). 교사가 이렇게 교육과정을 해석할 수 있었던 것은 그가 가진 교과 지식 덕분이며, 이야기의 줄거리를 만들어 낼 수 있는 그의 능력 덕분이다. Gudmunsdottir에 따르면:

> 교사는 이야기로 복잡한 교육과정을 다루었고, 학생이 역사에 쉽게 접근할 수 있도록 했다. 이야기가 효과적이기 위해서는 아이디어가 필요한데, 이런 아이디어는 사건의 배경이 되며, 줄거리를 만드는데 아주 중요하다. 경력이 있는 교사는 이런 이야기들을 가지고 있다. 교육과정 이야기가 바로 교육학적 내용 지식이다.(Gudmunsdottir 1988, p. 9).

교사가 '교육과정 이야기'curriculum stories를 만드는 것은 바로 교육과정 자료의 가능성을 실현하는 하나의 방법이다. 교육과정 가능성을 파악하는 능력과 교육학적 내용 지식은 상당히 관련되어 있다. Shulman(1987)은 교수 내용 지식pedagogical content knowledge을 내용과 교육을 결합하는 교사의 전문성으로 정의했다. 이것은 학생을 가르치기 위해서 내용을 조직하는 것이고, 학생에게 내용을 적용하는 것이다. 이러한 교수 내용 지식은 오랜 교수 경험을 통해서 발달한다. 교사가 교육과정 가능성을 발휘하는 것은 이런 교수 내용 지식을 기초로 한다.

다시 말하면 '교육과정 이야기'와 같은 식으로 교육과정 가능성을 구현하는 것들이 모두 교사가 가진 전문성이다.

> **생각해보기**
>
> 당신이 생각하는 교육과정 가능성에 기초해서 교육과정 자료를 변형해 본 당신 자신의 사례를 분석해 보라. 이런 활동이 이전 교수 경험과 어떻게 관련되어 있는지 스스로에게 물어보라. 당신의 사례를 사용하여 당신의 교수 내용 지식을 서술할 수 있는가?

6. 개발-사용자로서 교사

사례 속의 교사는 교육과정 자료를 독자적으로 해석했다. 즉 그들은 개발자의 의도를 알아내려고 하기보다 자료를 새롭게 다루려고 했고, 그 과정에서 교육의 가능성educational possibilities을 발견했다. 이런 역할은 Connelly가 말한 "개발-사용자" user-developers로서 교사 개념과 일치한다(Connelly 1972). Connelly에 따르면, 교사는 교육과정과 관련해서 개발자의 역할을 해야 한다. 비록 그가 사용하고 있는 것이 외부에서 개발하여 주어진 것이라 할지라도 말이다. 이런 역할은 교육과정 자료를 특정한 한 교실, 그 교실의 상황 계속 변화하는 교실에 맞춰 사용하는 것이며, 이러한 상황에서 교사는 주어진 자료를 선택적으로 변용해서 사용한다는 의미다. 개발자와 교사는 서로 생각이 다르고 가치관이 다르다. 그렇다하더라도 교육과정에 관한 한 서로를 지원하는 관계에 있다. 다음은 충실한 실행가에서 의사 결정자, 독자적인 개발자로 교사의 역할을 바꾼 이야기다.

> 교사가 개발자일 때의 강점이나 중요한 기여점은 교사와 학생에게 유용한 아이디어를 내려고 하고, 교육과정을 이런 방향에서 해석한다는 것이다. 국가 수준 혹은 외부의 개발자는 교수 상황 전체를 광범위하게 포괄하고 있는 모든 것을 짐작하기 힘들다. 이것이 교사를 모두 개발자로 대체할 수는 없지만 교육과정을 개발하는 과정에서 교사의 경험과 지혜를 필요로 하는 이유다. 실제 교실 상황의 특성이나 요구는 교실에서 가르쳐야 할 것을 결정할 때 가장 중요한 것이다. 교사는 교육과정의 요구와 수업 상황이 요구하는 것을 중재할 수밖에 없다. 드물지만 교사는 개발자의 의도만 고려하는 그런 중재를 하기도 한다 (Connelly 1972, p. 164).

교사에게는 교육과정 자료를 해석할 수 있는 자율성이 있고, 교사는 교육과정 개발 파트너로 존재한다. 교사가 하는 이 두 가지 역할은 교육과정을 실행하는 과정에서 교사가 하는 역할이다. 교사가 하는 역할은 [그림 2]와 같다.

여기서 생각할 수 있는 교사의 역할은 3가지 정도다:

(a) 교사는 교사를 배제하고 개발한 교육과정 자료를 사용하며 교육과정 전달자 역할을 한다. 교실에서는 개발자의 의도를 정확하게 구현한다. 이런 자료를 교사는, 특히 경력이 적은 교사는 '교사를 배제한 자료'teacher-proof로 혹은 교사의 자율성을 제한하는 자료로 인식할 수 있으며, 이것이 합법적인가를 의심하기도 한다.

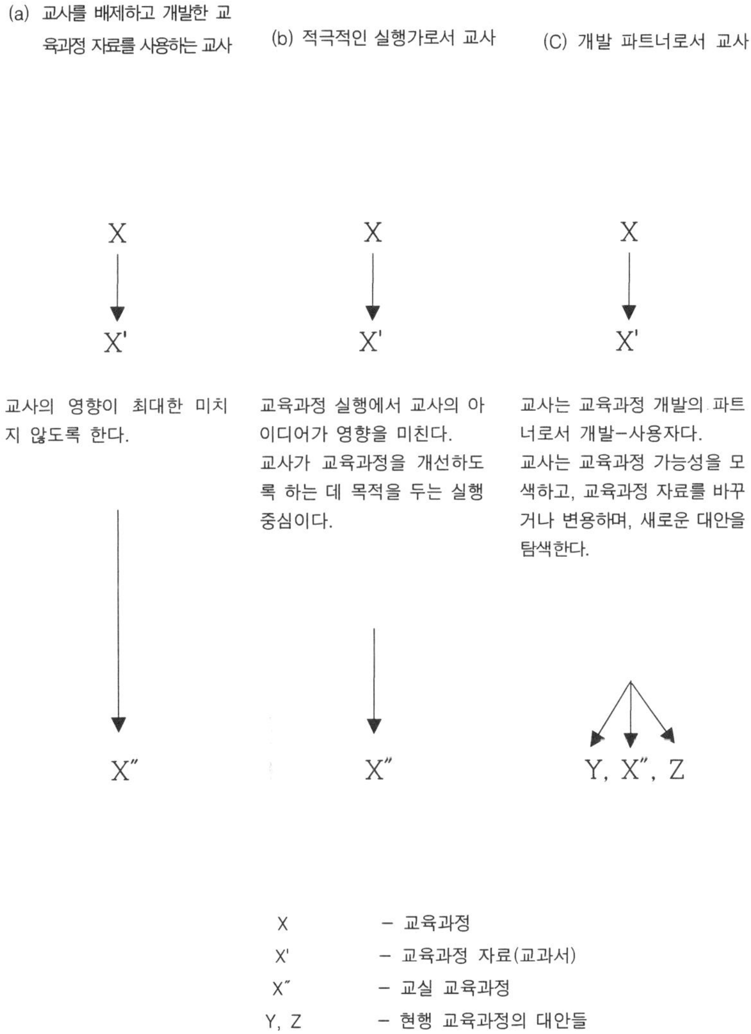

[그림 2] 교육과정을 실행하면서 교사가 할 수 있는 역할
(Connelly and Ben-Peretz, 1980)

(b) 두 번째 관점은 교사를 '변용자'convert로 본다. 교사는 교육과정을 실행하는 과정에서 상당한 영향을 미치는 것으로 인식한다. 이 관점은 교사 워크숍이나 연수 활동을 통해서 교사가 교육과정 자료에 적극적으로 개입하도록 돕는다.

(c) 세 번째 관점에서는 교사를 '개발-사용자'user-developers로 보는데, 교육과정 개발 파트너로 간주한다(Connelly 1972). 교사에게 자신의 목적이나 교육 활동이 일어나는 특수한 상황에 맞춰 교육과정 자료를 바꾸어서 사용하도록 기대한다. 이 관점에서는 교육과정 자료에 목표를 미리 제시하기보다 교사가 해석하는 것에 따라 사용 가능하고 교육과정이 함의하고 있는 가능한 일련의 목표 목록들을 제시한다(Ben-Peretz 1975).

이 책에서는 세 번째 관점으로 접근한다.

7. 교육과정 가능성을 어떻게 드러낼 것인가?

교육과정 자료를 새롭게 사용하는 교사 사례를 찾는 것이 중요하다. 교사는 자신의 경험, 실행 지식, 교육학적 지식을 기초로 자신의 교육과정을 만든다. 이런 점에서 Jackson(1986)은 "전문적인 교사는 비전문적인 교사보다 '더 많은 것을 본다'"고 했다(p. 87). Jackson은 이런 전문성의 특성을 3가지로 제시했다:

1. 전문가는 다른 사람과 다르게 인식할 줄 안다.
2. 전문가는 좀 더 민첩하게Quicker 인식한다.
3. 전문가는 다른 사람들이 보지 못하는 가능성을 볼 줄 안다.

교사는 교실이나 교수 상황에서 자신의 전문성을 다양하게 발휘할 수 있다. 교사는 학생을 알고, 학교 환경이 사회적, 생태적으로 복잡하다는 것을 이해하기 때문에 전문가다. 교육과정 자료가 갖고 있는 교육의 가능성을 풍부하게 드러내기 위해 교사는 교육과정을 해석할 줄 아는 전문가여야 한다. 이런 전문성이 있을 때 교사는 다른 사람과 다르게 더 민첩하게 "더 많은 것을 볼 수 있다". 이런 전문성이 있을 때 교사는 교육과정 개발-사용자가 되며, 교육과정 개발자가 의도한 것을 넘어설 수 있는 가능성을 볼 수 있다.

교육과정을 해석하는 방식이나 방법을 설명하기 전에 우리는 외부에서 개발하는 교육과정 개발 과정을 간단히 살펴보고자 한다. 개발-사용자로서 교사가 개발하는 교육과정의 개발 특성과 비교하기 위해서다. 우리는 외부자가 개발하는 교육과정 개발 과정에서 하는 교육과정 해석을 '1차 해석'으로 부를 것이다. 이것은 교육과정(교과 지식)을 교육과정 자료로 바꾸는 것이다. 교육과정 자료를 학습 경험으로 바꾸는 것은 교육과정에 대한 '2차 해석'인데, 이 단계에서는 교사가 해석을 한다(Ben-Peretz and Silberstein 1982).

이 2차 해석의 특징은 다음과 같다:

a. 외부 개발자와 개발-사용자인 교사는 교육과정 개발의 주요 이슈인 내용, 교수 전략, 교수 상황, 이 3가지를 결정한다.

b. 외부 개발자와 개발-사용자인 교사의 의사결정에 영향을 미치는 것은 그들 이 가진 지식, 이전의 경험, 신념이다.

해석의 각각 단계의 특성은 다음과 같이 요약될 수 있다:

	1차 해석	2차 해석
1	개발 절차는 *수렴적*이다. 왜냐하면 특성을 먼저 정하고 교육과정 자료를 개발하기 때문이다. 그러나 개발자의 의도를 넘어설 수 있는 교육과정의 가능성은 풍부하다.	교수 절차는 *발산적*이다. 왜냐하면 다양한 상황에서 동일한 교사든 서로 다른 교사든 각각의 다양한 교수-학습을 이끌기 때문이다.
2	외부 개발자는 학생이 획득해야 하는 내용요소 혹은 가능한 메시지를 정의하고 분류하는데 주로 관심을 갖는다.	교사는 이런 내용 요소를 규정하거나 분류하는 일에는 거의 관심이 없다. 그들은 있는 내용에서 선택을 하고, 중점을 두어야 할 것을 정하고, 그것을 가르치기 위해서 어떻게 재구성해야 할지에 관심이 있다.
3	외부 개발자는 교수 전략을 비교적 제한해서 안내하는 경향이 있다.	교사는 교수 전략을 중시하며, 그것을 가르치는 상황에 적용한다. 그들은 외부 개발자가 제시하는 전략 이상의 새로운 전략을 도입한다.
4	외부 개발자는 주어진 시간과 다른 내용과의 연계를 고려하여 개발하는 경향이 있다.	개발-사용자로서 교사는 외부 개발자가 정해 놓은 맥락을 수용하는 경향이 있다. 경험이 풍부하고 깊이 있는 교육학적 지식을 지닌 전문가 교사는 교육과정 단원의 계열과 연계된 내용을 바꾸는 데 집중한다.

2차 해석은 교육과정 자료를 수정하는 데 집중한다. 주로 제시하고 있는 내용 지식을 "교육학적이고 학생의 배경지식이나 능력에 적합하도록" 바꾼다(Shulman 1987, p. 15).

여기에는 교사의 자료 해석, 가능성을 파악하는 능력, 현실에 대한 인식이 영향을 미친다. 현실에 대한 인식이란 학급의 규모나 그 학급의 학습 분위기뿐만 아니라 특정한 교실과 그 교실의 학생, 그런 학생들의 배경, 흥미, 선지식, 형성된 개념이나 오개념을 모두 파악하는 것을 포함한다. 현실 인식은 사회적인 맥락을 이해하는 것인데, 이데올로기나 경제적인 상황뿐만 아니라 학습이 발생하는 사회적 맥락, 부모나 지역사회가 추구하는 목적이나 관심을 포함하고 있다. 앞에서 언급한 교사는 교육과정 자료에서 제시한 역할카드가 내포하고 있는 성차별에 대해 충분히 인식하고 있었다. 이런 것이 교사가 알고 있는 현실이다. 그 교사는 자료가 제시하고 있는 역할에 관심을 두지 않았고, 학생에게 그들이 가진 역할 카드를 수정하도록 했다. 이것이 바로 교사가 현실을 인식하고 있었다는 것을 보여주는 예다.

현실이 가진 또 다른 요소는 교사가 필요로 하는 자원이 제한적이고 한계가 있다는 것이다. 교사에게 가장 중요한 자원은 시간이다. 시간이 없다는 것, 이것은 교육과정 자료의 가능성을 발휘할 교사의 능력을 제한한다. Fullan(1982)은 그의 책인 '*The meaning of educational change*'에서 다음과 같이 언급했다: "시간이라는 문제는 결코 완전히 해결할 수 없다. 시간은 언제나 부족하다"(p. 69). 그는 교사-교육과정의 만남에서 시간은 정말 중요한 문제라고 주장했다. 시간 부족은 교사가 교육과정을 모두 다루어야 한다고 생각하기 때문이며, 동시에 자신이 교육과정 개발자 역할을 해야 한다고 생각하는 이런 상반된 태도 때문에 느끼는 것이다.

8. 결론

2차 해석은 내용 지식이나 아이디어를 학습 상황으로 바꾸는 것이다. 외부 개발자들에 의해 이루어지는 학문 중심의 교육과정 자료 개발은 지식을 가르치고 배울 수 있는 형태로 바꾸는 것으로 교육과정 자료 개발 과정에서 첫 번째로 수행하는 것이다. 여기서 개발자는 선정된 내용 영역에 내포된 교육의 가능성을 찾는다. 이 가능성은 특정한 내용이나 정보로 표현되기도 한다. 학문 자료의 가능성 중 중요한 하나가 지식을 습득하도록 안내하는 탐구 방식을 통찰하는 것이다.

개발자들은 지식의 개인적, 사회적 가능성에 교육의 가능성을 추가해서 반영한다. 수업 계획을 할 때 교사는 2차 해석에 참여하는데, 교육과정 자료에서 자신이 적합하게 사용할 수 있는 여러 가지 가능성을 고려한다. 이런 과정에서 교사는 개발자가 한 본래의 질문으로 '되돌아' 가서, 개발자가 의도하지 못한 다른 방식으로 가르칠 요소components of subject matter를 선정한다. 이런 식으로 자료를 점검하는 것은 주어진 자료를 실제 교실 상황에 적용하기 위한 것이며, 이는 매우 중요하다. 이와 같은 중요성에 대해 다음 두 가지를 지적해 보자.

1. 교사가 일상적으로 사용하는 교육과정 자료에는 교육과정 자료의 가능성이 얼마나 풍부한가?
2. 자료를 해석하여 여러 가지로 사용 수 있도록 교사의 능력을

어떻게 개발할 수 있는가?

이 문제는 교사의 전문성 개발과 관련하여 다음 장에서 다룰 것이다. 다음 장에서는 교사가 교육과정을 어떻게 해석하며, 교육과정에 자신의 관심사를 반영하여 교육과정 가능성을 어떻게 구현하는지를 다룰 것이다.

더 읽을 자료

교육과정 가능성에 대한 내용은 Roynolds et al.(1988) "Teachers and curriculum materials: Who is driving whom?" *Curriculum Perspectives 8*(1), 22-29을 참조하라.

교육과정 자료의 사용에 필요한 교사 계획에 대한 내용은 Gail McCutcheon의 1980년 논문 "How do elementary school teachers plan?: The nature of planning and influences on it". *The Elemetnary School Journal 81*(1), 4-23을 참조하라.

Hidden curriculum의 개념에 대한 두 편의 세미나 자료가 있다. 하나는 P. W. Jackson(1968). *Life in classrooms.* NY: Holt Rinehart and Winston. 이고, 다른 하나는 잠재적 교육과정의 개념과 그것의 교육 가능성을 분석한 Jane Martin의 논문 "What should we do with a hidden curriculum when we find one?" (1976). *Curriculum Inquiry* 6(2) 135-151. 이다. David Gordon이 hidden curriculum을 주제로 몇 편의 논문을 썼는데,

"The concept of the hidden curriculum"(1982). *Journal of Philosophy of Education* 16(2), 187-198. "The image of science, technological consciousness, and hidden curriculum"(1984). *Curriculum Inquiry* 14(4), 367-400. "Education as text: The varieties of educational hiddenness"(1988): *Curriculum inquiry* 18(4): 425-449.이 있다.

The null curriculum에 대한 논문으로는 Flinders et al.(1986)의 논문: "The null curriculum: its theoretical vasis and practical implications," *Curriculum Inquiry* 16, 1:33-42이 있다.

교육과정 해석하기 5

The Teacher-Curriculum Encounter freeing teachers from the tyranny of texts

1. 주관적인 해석과 객관적인 해석
2. 분석 기준
3. 내재적 기준과 외재적 기준
4. 주관적 해석
5. 객관적 해석: 내재적 기준 사용
6. 객관적 해석: 외재적 기준 사용
7. 교육과정 가능성 읽기
8. 결론

더 읽을 자료

교육과정 해석하기 5

"임의적인 것은 대응을 할 수가 없다"
Borkowski의 법, in Paul Dickson
The Official Rules, 1978, p.17

4장에서 우리는 교육과정 가능성이라는 용어를 살펴보았고, 교사에게 이 용어가 어떤 의미를 갖는지 알아보았다. 교육과정 해석은 교육과정 가능성을 드러내는 방식 중 하나다. 이 장에서는 교육과정 해석에 대해서 살펴보고, 교육과정을 해석한 사례를 제시할 것이다. 먼저 교육과정 해석부터 시작해 보자.

1. 주관적인 해석과 객관적인 해석

교육과정을 해석하는 방식은 여러 가지다. 이를 *주관성과 객관성*subjective and objective modes of interpretation을 기준으로 구분할 수 있다. 철학에서는 오래전부터 주관적인 탐구와 객관적인 탐구를 구분해 왔다. 대표적인 객관적 탐구가 바로 경험-분석이다. Popkewitz(1984)는

경험-분석의 특징을 다음과 같이 제시하였다:

- 이론은 보편적이지만 구체적인 실제에 모두 적용 가능하지는 않다.
- 경험-분석 연구는 과학이지, 가치나 지향이 아니다.
- 물리, 생물, 사회를 구분해서 연구할 수 있다.
- 지식의 형식이나 개념은 우리가 생각하는 신념을 대변하는 것이다.
- 경험-분석 연구는 이론화를 지향하며, 수와 양으로 표현한다.

Connelly와 Clandinin(1988)은 학교에서 "전통적으로 연구한 것, 연구를 통해서 알아낸 객관적인 것들을 가르쳐왔다"고 하면서(p. 21), 객관적인 것과 주관적인 것을 구분하였다. 주관적인 것은 개인의 경험을 과거, 현재, 미래로 분석하는 내러티브 탐구를 통해서 주관적인 지식으로 밝혀냈다. 이런 주관적인 지식은 도덕적이고 정서적이며 심미적이다.

Ricoeur는 '읽기'와 '해석'을 구분하였는데, 이 관점은 교육과정 문서에 적용할 수 있다. 여기서 '읽기'는 개인의 의견을 배제하고 텍스트를 이해하는 것이고, '해석'은 "관점을 취해서 설명하는 것"이다(Ricoeur 1974, p. 160).

Ricoeur에 이어서 Gordon(1988)도 설명과 해석으로 구분했다: "대륙철학에서 설명과 해석은 서로 다르다. 설명은 자연 과학에서 온 개념이다; 해석은 '이해verstehen'의 형식이다. 따라서 Ricoeur가 말하는 텍스트의 설명과 해석은 객관과 주관으로 병치할 수 있다"(p. 429)

이 논의는 우리에게 Schumacher(1978)가 사용한 용어 "지도"maps를 떠올리게 한다. Schumacher가 "지식의 지도maps of knowledge"라고 한 이것은 우리가 세계를 이해하기 위해서 필수적으로 알아야 하는 개념, 일련의 정보, 주된 아이디어를 보여주는 도구다. Schumacher는 다음과 같이 말했다.

> 세계를 전체적으로 조망하는데 지도를 이용할 수 있다. 지도는 보이는 것들을 다 보여주는 일련의 계획이나 개관 같은 것이다 - 물론 실제 세계만한 크기로 지도를 그려도 모든 것을 지도에 포함할 수는 없다. 그러나 이것이 전체를 알 수 있는 가장 탁월한 방법이다: 당신은 방향을 잃지 않을 것이고, 잃는다고 하더라도 크게 난감하지 않을 것이다. 탐구나 탐험에서 가장 중요한 것은 지도다(Schumacher, 1978, p. 15).

교육과정을 이해하기 위한 '지도'는 주관적 혹은 객관적인 형식으로 그릴 수 있다. 주관 모드에서는 개인의 지식이나 경험을 '기준landmarks'으로 접근한다. 즉 각자 가진 지식이나 경험을 이용해서 찾을 것을 정하고 기록할 것이다. 객관 모드에서는 외부에 원천을 둔 기준으로 교육과정에서 우리가 보아야 할 것을 찾는다. 이런 객관적인 지도는 표준적인 범주나 변수를 담을 수 있다. 하지만 특정한 교사의 특정한 수업을 반영하기는 힘들다. 즉 한 교사의 수업 상황과는 탈맥락적이다.

개인이 가진 지식과 경험에 기초해서 해석하는 주관적 해석은 인상적이고 직감적이다. 주관적 해석은 해석자가 가진 내재적인 기준이나 전제(진술했거나 진술하지 않았더라도)를 중심으로 해석을 한다. 이런 해석은 그가 이미 경험한 것을 다른 사람에게 설명하기 위해 은유를 사용하기도 한다. 가령, 주관적인 방식으로 교과서를 해석할 때, 어떤 교사의 전형적인 관점으로 교과서를 읽는다. 이런 해석은 비주류적인 해석, 혹은 내적인 이슈라고 여길 수도 있다. 또 그가 페미니스트라면, 이것을 성차별이라는 관점에서 해석할 것이다.

교사는 교육과정 자료나 일상적인 교실에서의 활동에 대해 어느 정도는 직관적이기 때문에 상당부분 주관적으로 해석한다. 앞 장에서 설명했던 한 수학 교사는 기하학에서 비언어 자료를 사용하여 스토리텔링을 살렸는데, 그는 아마도 직관적으로 이렇게 해석했을 것이다. 이런 주관적인 해석은 직관이나 개인의 경험이 갖는 한계 때문에 교육과정 자료의 가능성도 한정한다. 그래서 객관적인 해석과 주관적인 해석으로 서로를 보완하는 것이 중요하다. 즉 교육과정 자료의 주관적 객관적 측면을 모두 숙고하는 것이 중요하다.

객관적 해석은 사전에 분석 준거를 정한다. 이런 준거는 해석하는 사람이 자신의 지식이나 경험을 사용하여 정하는 것이 아니라, 외부에서 설정된다. 객관적인 해석을 하기 위해서는 교육과정 자료를 분석하는 데 적용할 구조화된 기준을 사전에 정해야 한다. 같은 기준을 적용해서 분석하기 때문에 동일한 교육과정 자료를 다른 사람이 분석하거나 해석해도 결과는 비슷하다. 그러나 '교육과정 프로파일curriculum profiles'은 비슷하다고 하더라도, 해석자가 부여하는 우선순위나 필요가 다르기 때문에 해석한 것이 실제로 교실에서 작동하는 모양은 다를 수 있다. 다음과 같은 상황을 생각해 보자.

교과서에서 사용하는 용어는 대부분 일상적이다. 따라서 교과서의 이런 일상어를 대상으로 교육과정을 분석할 때, 해석의 결과는 다를 수 있다. 교사가 교과서를 통해서 학생이 언어를 사용할 수 있도록 가르쳐야 한다고 해석하면, 역사 시간에도 언어 사용 문제를 다룰 수 있다. 반면 어떤 교사는 자신의 학생들이 역사에 대한 동기유발이 되어 있지 않다고 판단해서 어려운 용어가 덜 나오는 교과서를 사용해서 역사 이야기 쓰기를 할 수도 있다. 즉 교육과정을 객관적으로 해석한다는 것이 곧 수업을 동질화한다는 것은 아니다. 구체적인 교실을 탈맥락적으로 분석한다는 의미도 아니다. 교육과정을 객관적으로 해석하면 오히려 교사는 교육과정 자료의 활용 가능성을 확대할 수 있다. 교사가 객관적인 해석을 통해서 자료의 교육 가능성을 객관적으로 판단할 때, 교실에서 자료를 보다 새롭고 창의적인 방식으로 사용할 수 있다.

2. 분석 기준

교육과정 자료를 해석하기 위해서는 기준이 필요하다. 예를 들어 어떤 교사는 교실에서 통하는 실행의 관점에서 교육과정 자료를 검토할 것이다. 이렇게 하려면 준거가 상세하고 명확해야 한다. 좋은 기준은 "쉽고Reading ease" "흥미"있어야 한다(Flesh 1951). 이것을 "전달transmission" vs "해석interpretation"이라고 부르기도 한다(Barnes 1976). "전달" 상황에서 언어는 주로 교사에서 학생에게로 소통한다. "해석" 상황에서 언어는 자신의 방식으로 표현된다. 해석의 기준은 이를 더 상세화 하는 것이다. 가령, Flesh(1951)는 이를 참고해서 "복잡성 지수"와 "흥미 지수"를 개발했다.

기준을 가지고 교육과정을 해석하면, 개발자가 진술하지 못한 교육과정 자료에 내포된 가능성을 드러낼 수 있다. 예를 들어, "흥미 지수"가 높은 자료는 학생의 공감을 얻기 쉽다.

또 주어진 교육과정 자료에서 흥미 측면이 부족하다는 것을 교사가 인식하면, 자신의 수업에 이를 보완하기 위한 자료를 추가할 것이고, 이렇게 해서 교육과정 자료가 가진 한계를 극복할 것이다. 이것은 4장에서 언급한 영 교육과정의 의미와 같다.

3. 내재적 기준과 외재적 기준

객관적 해석에서도 외재적 기준과 내재적 기준을 구분할 수 있다(Ben-Peretz 1981). 내재적 기준은 교육과정 개발의 근거에 원천을 두고 있다. 이런 개발 근거에 의거해서 개발자의 의도와 목적을 해석한다. 예를 들어, 역사 단원의 목적은 학생들이 역사가가 역사적 사건을 해석하면서 사용한 근거 자료나 문서를 이해하는가 이다(Adar and Fox 1978, p. 29). 교육과정 분석은 역사자료를 대상으로 한다. 가령, 다음과 같은 질문들을 할 수 있다.

이 단원에서는;

- 역사자료(사료)를 얼마나 활용했는가?
- 어떤 종류의 역사자료가 있는가?
- 역사를 정당화하는 텍스트가 있는가?

내재적 기준에 대해서는 이 후에 구체적인 예시를 제시할 것이다.

내재적 기준이 교육과정 개발의 근거를 분석한다면, 외재적 기준은 이론적으로 해석하는 것이다. 예를 들어, Kilbourn(1974)은 Pepper(1942)가 제시한 과학적 세계관이라는 개념을 적용해서 생물 교과서를 분석하였다. Pepper는 과학적 세계관으로 학생이 "세계를 이해하도록" 도울 수 있다고 했다. Pepper는 이를 메커니즘mechanism과 신비주의mysticism를 준거로 사용하였다. Kilbourn은 생물 교육과정 자료의 '세계관'을 알아보기 위해서 Pepper의 기준을 적용하였다. 교육과정 자료가 상정하는 세계관을 알아보는 것은 잠재적 교육과정을 밝히는 것과 유사하다. 교사와 학생은 자료가 함의하고 있는 메시지를 쉽게 인식하지 못하지만 이 메시지가 수업에 미치는 영향은 아주 크다.

예를 들어, 교육과정 자료의 '메커니즘'을 알아보기 위해서 교사는 교실에서 세계관의 성격에 대해 혹은 과학의 발달이 미치는 영향에 대한 토의를 하게 할 수도 있다. 이것은 잠재적 교육과정을 성교하세 교육과정 가능싱으로 바꾸는 깃이다.

이론을 기초로 분석하면, 분석 대상이 되는 자료의 다양한 측면을 설명할 수 있고, 주요 특성을 통찰할 수 있다. 하지만 이것만으로 교육과정 자료를 파악하기는 힘들다. 다양한 분석 기준을 만든다고 해도 교육과정 자료가 가진 복잡한 면과 풍부한 면을 부분적으로 드러낼 뿐이다. 이러한 분석 기준을 사용하는 해석가는 데이터를 수집하고 해석하는 데 참조할 체제가 필요하다. 이런 체제를 인식하면서 교사는 한편으로는 그 체제가 주는 특성을 통찰할 수 있고, 다른 한편으로는 체제의 한계나 단점을 파악할 수 있다. 예를 들어, Kilbourn의 분석 기준은 특히 과학 교육과정 자료에 반영된 다양한 세계관에 대해 학생들이 알아야 한다고 생각하는 교사가 선호하는 기준이다. 또 어떤 교사는 신비주의 세계관을 다루어야 한다고 생각할 수도 있다. 교사는 분석 기준의 기본 개념을 인식해야 이 기준을 사용하든지 혹은 거부할 수 있다. 분석기준은 특정한 철학이지, 자료가 내포하고 있는 학습자에 대한 인식과 같은 교육과정의 다른 측면과는 관련이 없다고 생각할 수도 있다. 따라서 중요한 것은 자료를 통찰할 수 있는 분석 기준을 찾는 것이다. 또 교사마다 자료가 가진 의미를 해석하는 방식이 다르고, 교실마다 사용하는 방식이 다르다는 것도 알아야 한다.

교사는 교육과정 자료를 어떻게 해석하고 어떻게 활용할까? 다음은 주관적인 해석과 객관적인 해석 사례를 제시할 것이다.

4. 주관적 해석

교육과정에 대한 주관적 해석은 해석하는 사람이 가진 지식과 경험을 준거로 한다.

교사는 교실에서 매일 사용하는 교육과정 자료에 의미를 부여하면서 자료에 대한 감각을 키운다. 이렇게 형성한 감각 중 대부분은 주관적인 것이며, 이를 통해서 교사는 개인적인 기준을 갖는다. 가령, Kelly의 개인적 구성 이론theory of personal constructs은 대표적인 사례이다(Ben-Peretz 1984). Kelly(1955)의 개인적 구성 이론은 교육과정 자료를 해석할 때 적용한 교사의 개인적 기준을 찾는데 필요한 개념을 제공한다. Kelly에 의하면 인간은 개인적 구성 체제를 사용하여 자신의 환경을 이해한다. 이 이론의 대 전제는 사람은 자신의 과거 경험을 기초로 해석하고 구성 한다는 것이다. 구성은 어떤 것을 다른 것과 같게 혹은 다르게 보도록 한다. Kelly는 구성을 안경에 비유했는데, 이 안경을 통해서 사람들은 세계를 개인에게 의미 있게 조망한다. 구성은 개인적이고, 개인의 경험을 기초로 한다는 점에서 논리와 구별된다. 따라서 구성에서 '좋다'는 것과 반대인 '좋지 않다는 것'은 논리와는 다른 의미다. 궁극적으로 Kelly의 이론은 인간 행위 이론이다. 인간은 환경과의 상호작용을 통해서 경험을 쌓고 이 경험을 가지고 개인의 구성 체제를 발전시켜 간다. 구성은 행위 전후에 일어난다. 예를 들어 교사가 "근육을 발달시키기 위해서 쌓기 놀이를 계획했다고 하자. 이 활동을 '놀이'라고 이해하는 사람도 있고, 아이의 생각을 표현하는 것이라고 이해하는 사람도 있다"(Bussis et al. 1976, p. 17). 교육과정 자료 분석은 교사 전문성을 개발하는 도구다. Kelly의 입장에서 볼 때, 교사는 교육과정 자료를 검토하고 해석하고 적절히 사용하면서 자신의 구성 체제를 이해한다. 교사의 이런 해석은 수업 설계에 영향을 미친다.

다음 사례는 과학교사의 생물 교과서에 대한 해석이다. 이 사례는 개인적 구성 사례다. 과학 교사들은 교과서 삽화에 대해 "동기유발적이다", "제한적이다", "차갑다", "매력적이다" 등 다양한 의견constructs들을 제시하였다.

의견 제시에 이어서 토의를 했고, 교사들은 자신이 부여한 의미를 자세히 설명했다. 어떤 교사는 추상적인 그림이 생물 현상을 개념화 할 기회를 제공한다고 주장했고, 또 다른 교사는 이 삽화가 "차갑다"고 해석하면서 "학생에게 외면당할 것"이라고 주장했다. 교과서 삽화에 대해 "차가운 vs 따뜻한"으로 인식하지 않았던 교사들이 오히려 교과서를 풍부하게 해석했고, 교육과정 가능성을 확대해 갔다. 개인적 구성 이론만 주관적인 교육과정 해석을 보여주는 것은 아니다. 6장에 제시한 도구는 주로 교육과정 자료를 개인적으로 구성하는 데 관심이 있는 교사들이 사용한다.

Connelly와 Clandinin(1985) 역시 교육과정에 대한 주관적인 해석이다. Connelly와 Clandinin에 의하면 "내러티브는 교사의 앎의 방식이며, 이것은 가르침에 대한 상황을 더 잘 이해하게 해준다"(p. 183). Connelly와 Clandinin에게 "앎은 경험"이다. 행위자 안에서 행위와 지식은 통합적이기 때문에 앎은 개인의 내러티브로 표현된다. Connelly와 Clandinin은 이것을 *개인적 실천적 지식*the personal practical knowledge이라는 용어로 설명하는데, 개인적 실천적 지식은 개인의 경험에 대한 내러티브다. 그들은 "생강 쿠키 에피소드"를 가지고 교사의 개인적 실천적 지식의 특성을 설명하였다. 한 교사가 크리스마스를 맞아 생강쿠키 만들기 수업을 하고 붉은색 벨벳 테이블 위에 쿠키를 진열해 놨다. 교사는 학생들에게 "착하니까", 크리스마스트리에 쿠키를 달 때까지 만들어 놓은 이 쿠키를 먹으면 안된다고 말했다. Connelly와 Clandinin는 생강 쿠키 에피소드로 본 교사의 앎을 교실에서의 교사의 개인적 실천적 지식이라고 했다. 특히 교사는 교실이나 수업에서 '집'이라는 이미지를 사용했다. 에피소드가 갖는 심미적이고 도덕적인 성격은 그 교사가 자신의 교실에 대한 내러티브로 알게 된 것에 기원을 두고 있다(Connelly and Clandinin, 1985, pp. 187-188). 이 교사의 사례에서 본 교실에 대한 교사의 이미지는 그 교사의 수업 계획과 방법을 결정했다.

내러티브나 교사의 개인적 실천적 지식은 교육과정에 대한 교사의 생각이며 관점이다. 교사의 개인적 실천적 지식은 그들이 교육과정 자료를 어떻게 해석하는지, 어떻게 사용하는지를 보여준다.

5. 객관적 해석: 내재적 기준 사용

이제 미리 정한 분석 기준을 적용해서 교육과정을 객관적으로 해석하는 사례를 보자.

먼저, 개발 의도 중심의 내재적 분석 기준을 사용해서 해석한 사례를 보자. 이 사례를 설명하기 위해 앞에서 언급한 Adar와 Fox의 연구로 돌아가 보자. Adar와 Fox(1978)는 CM-*Lessons in history* (1974)에서 역사 교과서와 교사용 지도서를 분석했다. 그들이 사용한 분석 영역은 다음과 같다:

- 역사의 증거로서 사료(역사적 자료) 사용하기
- 과거 사건과 현재 현상을 비유하는 역사 묘사하기
- 역사적 일화가 가진 도덕적 측면

Adar와 Fox는 개발 근거와 교사에게 설명한 교육과정 자료의 특성이 서로 일치하는지 혹은 불일치하는지를 분석하였다. 중요한 것은 교사가 교육과정 자료의 활용 가능성을 통찰할 수 있도록 해주는가이다. 여기에 간단한 예시가 하나있다.

Adar와 Fox는 개발자의 의도를 반영하고 있는 "사료를 사용했는지"를 검토했다. 이것은 역사 단원 개발자가 진술했는데(CM-Schavit et al 1974), 그는: "역사를 가르치는 것은 과거 사건에 대한 정보를 전달하고, 역사를 통찰하도록 하는데 있다"고 했다(p. 196). Adar와 Fox의 "사료의 사용"이라는 영역에서 다음과 같은 기준을 적용했다.

- 사료의 유형: 고고학적인 문서나 삽화
- 사료의 표현 양식: 구체적인 안내문구
- 교과서에서 사료가 하는 역할: 텍스트나 텍스트에 대한 설명글
- 사료 적합성: 총괄적으로 혹은 부분적으로
- 사료의 성격에 대한 교사용 지도서의 설명

Adar와 Fox는 교과서에 실린 266개의 사료를 대상으로 분석했다. 대부분은 삽화, 문서였다. 75%의 사료에 대해서 개발자는 사료의 배경을 간단히 설명하고 있었다. 예를 들어, 학생은 당시 그리스인의 글이나 유물을 통해서 고대 그리스인의 삶을 접하고 있었다.

사료가 하는 주요 역할은 교과서 자료와 연계하거나 그것을 상세화하는 것이었다. 교과서 집필자가 사료의 증거를 진술한 것은 몇 개뿐이었다. 사료의 기능에 대한 명확한 설명이 없을 때, 교사와 학생은 교과서에 실린 사료를 역사의 일부로 간주하였다. 그래서 사료를 제시한 의미를 왜곡하거나, 사료가 교육 자료가 될 가능성(교육 가능성)을 한정했다. Adar와 Fox는 교과서나 교사용 지도서에 실린 사료에 대해 사료의 적합성이 떨어진다고 분석했다. 교사가 수업에서 이 이슈를 어떻게 다루어야 할지를 안내한 교사용 지도서는 총 사료의 6%정도에 그쳤다. 단원에 필요한 사료가 충분했고, 대부분 사료는 도입부에 실려 있었고, 사료의 시기와 기원에 관한 정보를 주고 있어 사료를 어떻게 활용할 수 있는지를 알 수 있었다. 그러나 사료의 교육적 역할에 대한 진술을 찾기는 어려웠다. 교과서 자료와 연계하거나 상세화하는 방식으로 사료를 제시

했기 때문에 학생은 사료를 교과서 집필자가 주장하는 역사에 대한 증거로 보기보다 교과서가 전달하고 있는 정보와 동일시하는 경향이 있었다.

교육과정 자료로 실린 사료의 적합성은 상당부분 문제가 있었으며, 역사를 통찰할 기회도 거의 제공하지 못하고 있었다.

내재적 분석 기준을 적용해서 교육과정 자료를 해석한 이 사례는 교육과정 가능성을 함의하고 있다. 해석을 한 교사는 이 단원에서 다음과 같은 것을 통찰했다.

- 교과서에 실린 사료가 충분하다는 것
- 사료의 성격
- 사료의 단점

교사가 인식한 교육과정 가능성은 교사의 수업 설계에 영향을 미친다. 교사는 "사료"라는 주제를 수업 시간에 다룰 수도 있다. 교과서에 실린 모든 사료를 수집해서, 그것을 몇 가지 범주로 나누고, 역사 수업에서 사료가 하는 역할에 대해 토의를 할 수도 있다. 단원 개발자의 의도를 넘어선 이런 학습은 교육과정이 지닌 한계를 보완하고 가능성을 높인다. Adar와 Fox(1978)는 이 단원을 가르친 68명의 교사 중 13명만이 수업 중 교과서에 제시된 사료의 성격에 대해 토의를 했다고 밝혔다. Adar와 Fox처럼 내재적 기준을 적용해서 분석한 이런 교육과정 해석에 대한 연구는 수많은 교사들에게 각자 처한 서로 다른 수업 상황에서 교과서에 실린 사료의 교육 가능성을 생각해 보도록 격려 할 것이다.

생각해보기

"내재적 기준"을 적용해서 당신이 사용하고 있는 교육과정 자료를 분석해 보라.

6. 객관적 해석: 외재적 기준 사용

"교육과정 분석은 특정한 관심사를 알아보기 위해서 교육과정을 체계적으로 검토하는 것이다. 여기에는 일련의 기준을 가지고 접근한다."(Ariav 1989, p. 194). 분석을 하는 목적은 교육과정 자료의 성격을 밝히는데 있으며, 자료의 활용을 관찰하기 위한 것이다.

이런 점에서 분석은 실제로 교육과정 자료의 활용 가능성을 통찰하게 한다. Eraut 등(1975)는 교육과정 분석이란 교육과정 자료의 특성을 알아보기 위해 만든 일련의 질문에 답하는 것이라고 정의한다. 따라서 외재적 분석 기준은 대부분 일련의 질문이며, 이런 질문에 답하도록 되어 있다. 여러 가지 기준을 종합적으로 적용한 상세한 분석 도구들이 이미 개발되어 있다.

이런 외재적 분석 기준을 적용해서 교육과정을 해석해 보면 개발자들이 예상하지 못했던 교육과정 가능성을 파악할 수 있다. 우리가 사용한 외재적 기준을(Ben-Peretz 1977) Schwab은 교육과정 "필수요소"commonplace라고 불렀다(Schwab 1973). Schwab은 교육과정 "필수요소"commonplace로, 교과, 학습자, 환경, 교사를 들었으며, 이들은 교육과정을 개발하는 사람들이 개발 과정에서 다루는 것들

이다. 이 분석 기준에는 다음 2가지 전제가 있다:

- 개발자는 교과, 학습자, 환경, 교사 이 4가지를 다룬다: 교육과정 개발 과정에서 이 4가지를 "필수요소"commonplace로 고려하는 것은 교육과정 자료를 숙고하고 선택하는데 필수적이기 때문이다(Schwab 1973). 그래서 교육과정을 분석할 때 교육과정 자료를 이 "필수요소"commonplace를 중심으로 분석한다. 만약 한 요소가 부족하게 나오면, 이 자료를 사용하는 교사는 수업을 계획할 때 부족한 요소를 보완하게 될 것이다.
- 교육과정 자료는 가능성을 갖고 있다. 가능성은 주어진 교육과정 자료를 사용하는 사람들을 위해 개발자가 의도적으로 진술하고 있을 뿐만 아니라, 자료의 내용이나 주제에도 내포되어 있다.

다음은 외재적인 기준을 간단히 설명하고, 교육과정 자료를 해석할 때 그것을 어떻게 사용하는지 살펴보자.

분석 기준들을 교과, 학습자, 환경, 교사 범주로 나눌 수 있다. 각 범주는 다시 하위 범주로 나뉘고, 하위 범주에는 구체적인 질문들이 있다. 각 범주를 설명하면 다음과 같다(이것에 대해서는 6장 교육과정 해석의 도구와 절차에서 자세히 제시할 것이다). *교과* 범주의 질문들은 과학적 탐구와 관련이 있다. Schwab(1966)은 모르는 것ignorance, 불확실한 것uncertainty, 의심스러운 것dubiety에 대해 정직하게 말하는 것은 지식의 조건이며, 교육과정이 이런 것을 포함해야 한다고 주장한다. Schwab은 과학적 연구 결과를 학생들에게도 알려 주어야 한다고 주장한다. *학습자* 범주의 질문은 학습자의 학습 스타일에 대한 내용들이다. 이 범주는 Hunt(1974)가 지적한 수업 및 개인의 학습 스타일에 해당한다. 학습자는 학습 상황에서 서로 다른 수준을 필요로 한다. 교육과정 자료는 학생의 경험 정도에 의존하기 때문에 이 범주는 학생이 무엇을 경험했는지에 대해 묻는다. *환경* 범주는 사회와 교과 간의 상호작용 문제를 다룬다. *교사* 범주는 교육과정 자료를 사용하는 교사의 역할과 교사의 요구를 중심으로 한다. 교육과정 개발자는 교사의 요구를 무시하는 경향이 있기 때문에 교사 범주는 중요하다. 교사의 요구를 고려하지 않으면, 당연히 교육과정을 실행하기 어렵다(Leithwood 1976).

분석 기준은 이들 4개 범주들 간의 행렬로 만들어 진다; 하나의 범주가 변하면 다른 범주에 영향을 미칠 수 있다. 예를 들어 교과가 변하면 교사의 역할도 바뀔 수 있다.

이런 분석 기준을 정하는 것은 교육과정의 복잡성을 밝히기 위한 것이다. 이를 위해서 가능한 풍부한 문항을 만들어야 한다. 범주나 기준들은 서로 폐쇄적이거나 처방적이라기보다 서술적이고 분석적이다. 좀 더 풍부하고 융통성 있게 분석하려면 이런 분석 기준을 필요에 따라 적용할 수 있어야 한다. 예를 들어, 교사가 교육과정 자료를 해석하는데 환경 범주가 더 중요하다고 생각한다면, 환경 범주의 기준들을 확장해 주고 분석하도록 해야 한다.

교사가 교육과정 자료를 분석할 때는 교실이라는 구체적인 상황을 고려하기 때문이다.

객관적 준거를 사용한 객관적 분석의 예로, 우리는 생물과 교육과정 자료에서 호흡을 주제로 한 2개의 단원을 분석한 것을 볼 것이다: The animal and its Environment(CM-1996)에서 “물에서의 호흡” 단원, Biological Science: An inquiry into life(CM-1971)에서 "다세포 생물의 호흡" 단원을 분석한 것을 보자(Ben-Peretz, 1977).

두 단원은 모두 동일한 생물학적 원리를 기초로 하고 있다. 하지만, 강조하는 것은 서로 다르다. "다세포 생물의 호흡" 단원에서는 과학적 탐구의 특성을 다루고 있었다. 이 단원은 과학적 탐구 과정에서 과학자가 하는 역할에 초점을 두었다. 교사는 이 단원에 등장하는 과학자가 당면하는 위기와 절망을 극복하는 과학자의 능력에 초점이 있다고 인식하였다. 즉 과학자의 개인사로 해석하였다. 이렇게 해석한 것은 이것이 학생에게 필요하다고 인식했기 때문이다. "물에서의 호흡" 단원에서는 과학적 데이터를 제시하지 않았다. 과학자는 익명으로 제시하였고, 그의 배경이나 그와 소통할 방법이 언급되어 있지 않았다. 반면 이 단원에서는 "다세포 생물의 호흡" 단원에는 빠져있는 과학과 일상생활 간의 상호작용을 다루고 있었다. 두 단원은 생물과 화학, 물리와 같은 과학의 다른 영역과의 관계를 다루는 방식도 달랐다. "다세포 생물의 호흡" 단원에서는 이들의 관계를 강조하지만, "물에서의 호흡" 단원에서는 이것을 다루지 않았다.

학습자 범주를 기준으로 볼 때, 두 단원 모두 수많은 내용을 담고 있지만, 학습자를 생물학적 원리를 발견해가는 "능동적인 탐구자"active inquirer로 보고 있다. 두 단원은 학습자에게 비슷한 기회를 제공한다. 학습 가능성은 "물에서의 호흡" 단원이 더 풍부하다. 두 단원 모두 개별화 교수를 의도하지 않았으며, 고도로 구조적이었다.

두 단원은 환경 범주를 중요하게 다루지 않았다. 생물과 사회 두 현상의 관계를 가르칠 수 있는 가능한 여러 가지 대안을 다루고 있었는데, "물에서의 호흡" 단원에서는 과학을 선택할 때 과학이 사회에 미치는 영향을 고려하도록 하고 있었다. "다세포 생물의 호흡" 단원에서는 호흡관련 연구들의 역사적 배경을 알려 주는 참고자료를 제시하여 교사가 사회와 생물 간의 상호작용에 대한 토의를 안내할 수 있도록 했다.

교사 범주를 기준으로 볼 때, 두 단원은 뚜렷한 차이가 있었다. "물에서의 호흡" 단원의 교사용 지도서는 교수법을 상세하게 제시하고 있어 교사의 자율성을 제한할 가능성이 있었다. 반면 "다세포 생물의 호흡" 단원의 교사용 지도서는 교사에게 교수 전략을 선정할 자유를 주었다. 두 단원 모두 교사가 자료를 구성하는데 필요한 정보는 제한되어 있었다. 이런 정보의 부족은 실행의 폭을 제한한다. 교사가 교육과정 개발의 근거를 인식하지 못하면 자신이 한 결정의 정당성을 확보하기 어려워한다. 예를 들어, 개발자가 학생들이 흥미 있어 할 만한 어떤 아이템을 자료에 넣기로 결정했다고 가정해보자. 교사가 이를 알고 있다면, 이 아이템으로 학생의 흥미를 유발할 것이다. 이렇게 판단하도록 하는데 필요한 정보가 없다면, 교사는 "동기유발용" 아이템을 학습자에게 꼭 전달해야할 교과 지식 중 하나라고 간주할 수 있다. 두 단원 모두 교사가 자료를 사용할 때 크게 영향을 미치는 것들에 대해서는 언급하지 않았다.

이것은 사전에 정해 둔 분석 기준을 적용해서 교육과정을 해석한 사례이다. 해석은 자료의 교육적 가능성을 통찰 할 수 있게 해준다. 예를 들어, 교사가 생물교과의 특정 내용의 배경 자료를 제공하고 있는 한 단원을 사용하기 결정했다고 생각해 보자. 이로 인해 교사는 학생에게 사회와 과학의 상호 영향을 학습할 기회를 제공한다. 호흡을 주제로 한 두 단원은 모두 구조화된 자료를 제공하며, 개별화 수업을 의도하지는 않았다. 두 단원의 이런 단점을 인식한 교사는 학생에게 더 융통성 있고, 개별화 학습을 할 수 있는 기회를 만들 수도 있다. 이렇게 되면 교사는 자료의 담겨 있는 내용이나 형태를 바꾸고 수정할 것이다. 교사는 이런 자료를 교수의 출발점으로 활용하면서 자신의 교실에서 사용할 수 있는 적절한 자료로 바꾸어 갈 것이다.

이런 외재적 분석 기준을 적용해서 연구의 가능성과 교육 실제의 가능성을 서로 구별할 수도 있다. 연구를 위한 분석 기준은 교육과정 자료들을 비교하고 검토하기 위한 것이다. 이것 외에도 이런 분석 준거는 학교나 학교 문화를 초월해서 교과 교육과정의 추세를 알아보는데도 활용할 수 있다. 영역별로 나뉜 이런 준거로 분석함으로써 교육과정을 비교하고, 유사점이나 차이점을 밝힐 수 있다. 교육 분야에서 이런 분석 기준은 여러 가지 역할을 한다. 예를 들어, 교육과정 자료를 선정selection 할 때, 채택adoptation 할 때, 개정adaptation 할 때도 활용할 수 있다. 분석 기준을 활용하여 교육과정 프로파일을 작성하는 것처럼 교육과정 자료의 특성을 인식하고, 그 특성에 맞춰 필요한 의사결정을 할 수 있다. 교육과정 자료의 특성을 파악함으로써 교사는 자신의 선택과 적용에 대한 근거를 확보할 수 있다. 분석 도구는 교육과정 자료의 특성과 구체적인 교육 상황을 공존시킬 수 있는 가능성 혹은 괴리시킬 가능성을 알게 해주기 때문에 교육과정 실행을 도와준다. 이런 분석을 통해서 교사는 자신의 교실에 대해 인식한 것과 통찰한 것을 비교할 수 있다. 교사는 교육 가능성을 높이는 방향으로 주어진 교육과정 자료를 적절하게 바꿀 수 있다.

> **생각해보기**
>
> 이런 분석 기준을 적용하여 특정 교육과정 자료를 분석해 보라. 분석할 때, 부록에 실린 도구를 사용해 보라.

우리는 내재적인 분석 기준과 외재적인 분석 기준을 적용해서 교육과정을 객관적으로 해석하는 것에 대해서 살펴보았다. 다음으로 교육과정 자료의 특정 단원에 대한 교사의 교육과정 가능성 읽기에 대해 알아보자.

7. 교육과정 가능성 읽기

교사는 교육과정 가능성을 실현할 수 있고, 교육과정 자료를 다양하게 활용할 수 있는 위치에 있다.

교사가 인식하는 교육과정 가능성의 정도는 교사의 전문성, 즉 교과 지식, 교수 경험, 교실에 대한 실감, 그리고 해석 능력에 의존한다.

다음 사례는 특별한 기준 없이 교사가 교육과정 가능성을 구현한 경우이다. 이 사례는 경력 교사를 대상으로 했는데, 경력 교사는 교육과정 자료를 비교적 다양하게 사용한다(Ben-Peretz et al. 1977). 이 사례는 중학교 환경 교과서에서 가져왔다: "세정제나 세척제 리스트를 가능한 많이 작성하라. 수퍼마켓에서 그것들을 찾을 수 있을 것이다. 작성한 목록에 제품 이름과 성분, 사용법을 적어라"(Ben-Peretz et al. 1977, p. 34). 참여 교사들은 이 수업을 계획하고 나서, 자신들의 아이디어를 설명하는 인터뷰에 참석했다.

그들은 자신의 아이디어를 낸 원천, 이와 비슷한 활동을 해 본 경험, 이런 아이디어를 낸 이유에 대해서 질문을 받았다. 다음 그림은 한 교사가 한 것이다.

이 교사는 학습 속도가 느린 학습자에 대해 "이런 학생들은 곰곰이 생각해 봐야 자신에게 '주어진' 환경을 이해 할 수 있다"고 진술하였는데, 이것은 교사가 인식한 환경이다. 또 정상적인 학습자의 학습 목표를 "공산품에 대한 비판적 입장을 취하기"로 진술하고, "모든 제품은 단점을 가지고 있다"라는 사실을 학생들에게 일깨워주었다. 교사는 학습 속도가 느린 학습자의 요구에 민감하게 반응했다. 이러한 교사의 반응은 교사로 하여금 학생들이 수행할 과제의 성격을 바꾸도록 이끌었다. 즉 슈퍼마켓에서 세제를 조사하는 과제를 집에서 쓰는 세제를 조사하도록 하였는데, 이렇게 한 이유는 이 과제가 학습 속도가 느린 학생에게 어렵다고 생각했기 때문이었다. 학습 속도가 느린 학습자가 수행할 여러 가지 후속 과제도 교사가 계획했고, 대부분은 세제 문제를 실제와 맥락화해서 다루었다(세제는 얼마나 효과적인가, 어떤 점이 안 좋은가, 가격은 얼마인가). 교사는 주제topic를 모든 학생의 경험을 자극하도록 사용했다. 이 교사는 실험을 신호하는 것으로 보였다.

교사는 자신이 계획한 실험(나는 앉아서 각 모둠이 할 실험을 계획했다)과 학생이 주도한 실험(나는 실험을 제안할 것을 학생에게 요구했고, 거의 모든 학생들이 뜨거운 물로 세탁할 때 미치는 영향에 대한 실험을 제안했다)을 구분했다. 이 교육과정 자료 단원을 개발할 때 개발자들은 적용 대상을 정상적인 학습자와 학습 속도가 느린 학습자로 구분할 가능성을 염두에 두지 않았다. 또 자료 단원 자체에도 이런 구분은 없었다. 그러나 교사는 "정상적인 학습

환경과에 활용 가능한 아이템

(숫자는 아이디어의 계열을 표시한 것이다)

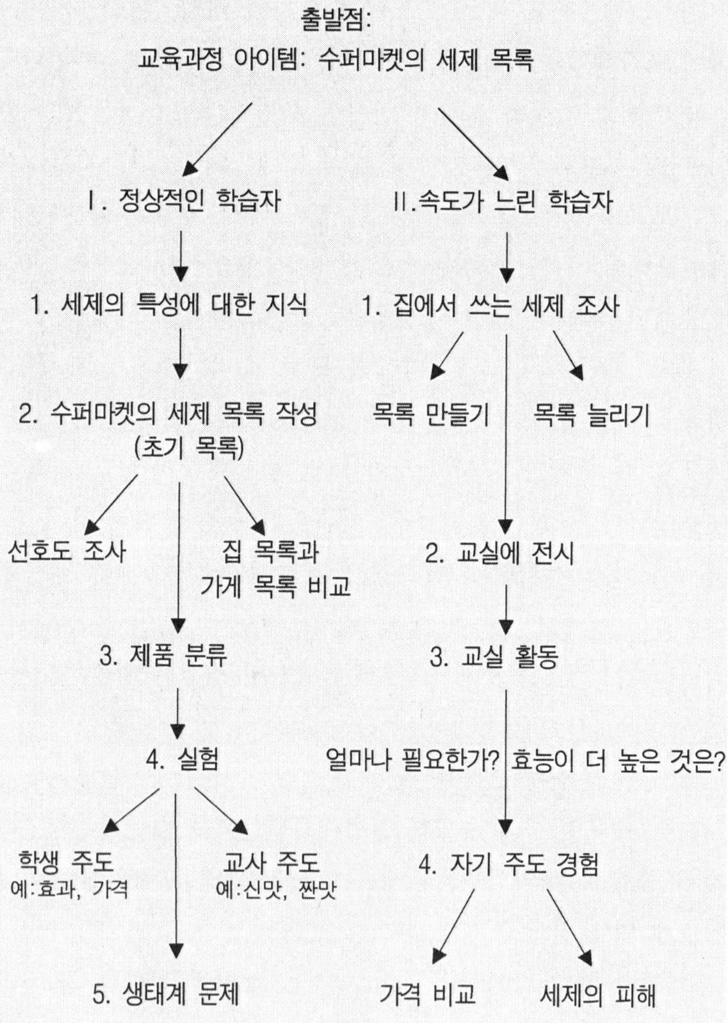

자”가 이 단원을 학습하기 전에 세제에 대한 몇 가지 지식을 이미 습득하고 있다고 생각했다. 교사는 화학에 대한 이론 지식을 근거로 확장해서 자료 단원이 내포하고 있는 교육과정 가능성을 적절하게 상세화했다. 학습 속도가 정상적인 학습자에게는 슈퍼마켓의 세제를 조사하도록 했고, 학생들이 세제 남용을 일으킬 수 있는 생태학 문제로 학습을 확장해 갈 수 있도록 했다. 교사는 학생에 따라서 그들의 학습 활동뿐만 아니라, 교육과정 자료의 “메시지”를 차별화해서 적용했다. 정상적인 학습 속도를 가진 학습자는 “비판적인 입장”을 취하도록 했지만, 학습 속도가 느린 학습자에게 “ 더 자세히 알아보는 활동 기회”를 주었다.

이렇게 학생에 따라서 자료를 사용하는 것이 학생을 평가하려는 의도는 아니다. 이 사례는 교사가 주어진 단원에서 교육과정 가능성을 어떻게 이끌어내는가를 자세히 보여주려는 것이다. 이 사례는 교육과정 단원의 가능성을 구현하는 과정에서 교사가 갖고 있는 선제나 가정들이 미치는 영향을 잘 보여주는 예이다. 구조화된 “외재적 분석 기준”은 이런 면에서 도움이 된다. 교사가 고민하면 할수록 주어진 교육과정 자료를 사용하기 적절하도록 바꾸는 경향이 있다. Ben-Peretz 등(1977)의 연구에서 예비교사나 초보교사와는 달리 경력 교사는 교육과정 가능성을 구현하는 방식으로 자료를 사용한다고 했다. 경험이 있는 교사는 상식적인 것에서 시작하면서 점점 교실 활동을 구체화, 상세화해 갔다. 반면, 예비교사나 초보 교사는 매우 구체적인 아이디어로 시작하는 경향이 있었다. 이 연구에서는 교육과정 가능성을 구현하는 과정에서의 이런 차이를 부분적으로 설명하고 있다.

> **생각해보기**
>
> 당신은 경력 교사와 초보 교사가 교육과정 가능성을 어떻게 구현하는지를 비교해 볼 수 있다. 그리고 당신이 비교한 결과에 대해 그룹 토의를 한다면, 경력 교사와 초보 교사 모두에게 필요한 교육과정 자료를 사용하는 특징을 좀 더 정확하게 파악할 수 있을 것이다.

8. 결론

5장은 교육과정 해석을 두 가지로 구분해 보았다. 먼저, 주관적 해석과 객관적 해석으로 구분하였다. 그리고 객관적 해석은 다시 내재적 분석 기준을 사용하는 것과 외재적 분석 기준을 사용하는 것으로 구분해 보았다. 그리고 각각에 대한 해석 사례를 살펴보고, 교육과정 가능성을 좀 더 상세히 다루었다. 마지막으로 경력교사가 교육과정 가능성을 어떻게 실현해 가는지를 언급하면서 이 장을 마무리 했다. 교육적 사고 모형The pedagogical reasoning model을 제안한 Shulman은 "내용 지식이 교육과정 가능성을 실현하는데 영향을 미친다"고 했다(Gudmunsdottir and Shulman 1986, p. 443). 그것은 경력교사와 초보교사 간에는 교육과정 가능성을 드러내는 데 필수적인 교육학적 내용 지식에 대한 차이가 있다는 것을 의미한다. 교육학적 내용 지식은 교사가 주어진 교육과정 자료를 자신의 교실에서 사용할 때 영향을 미친다. 따라서 교육학적 내용 지식은 교사가 교육과정 자료를 해석할 수 있도록 해 주는 하나의 요소이다. Shulman(1987)에 따르면, 교육학적 내용 지식은 내용content과 교육pedagogy이 융합된 것으로, 특정한 내용을 조직하는 방식이며, 수업 중 내용을 제시하는 순간을 맞추는 타이밍 감각과 같은 것이다. 우리가 주장하고 싶은 것은 의도적으로 교사의 교육과정 해석 능력을 향상시켜 주는 것이 교육과정 가능성을 발현하도록 하는데 매우 중요하다는 것이다. 그리고 이런 능력을 개발하는 것이 곧 교사의 교육학적 내용 지식을 확장하는 것이다.

다음 장에서는 교육과정 해석에 대해 좀 더 명확하게 접근할 것이다. 그리고 교사가 교육과정 자료의 교육 가능성을 실현하기 위해서 해야 하는 교육과정 해석에 필요한 도구나 절차를 구체적으로 설명할 것이다.

더 읽을 자료

David Gordon의 논문(1988): "Education as text: The varieties of educational hiddenness". *Curriculum Inquiry.* 18(4), 425-449. 텍스트에 숨어 있는 의미를 찾는데 필요한 Ricoeur의 아이디어와 hidden curriculum에 대한 Gordon의 분석을 담고 있다. 이 논문은 텍스트를 객관적으로 철학하거나 주관적으로 철학하는데 필요한 중요한 통찰을 제공한다.

Schumacher, E. F.(1977) *A guide for the perplexed. London: Cox and Wyman.*의 책 1장(pp. 9-23)은 당혹감에 대한 철학적 계보를 다루고 있으며, Truth에 대한 질문을 던지고 있다. 탐구에 대한 주관적 관점 혹은 객관적 관점을 알고 싶은 사람에게 이 책이 도움이 될 것이다.

Connelly, F. M. and Clandinin, D. J.(1988). *Teachers as curriculum planners: Narratives of experience.* NY: Teachers College Press. 이 책은 교사의 수업 계획 활동에 대한 교사들의 내러티브를 통해서 독자에게 학교에서의 교육과정 관점을 제공한다.

Goad, E. M., and Smith, G.(1975). *The analysis of curriculum materials. Educational Area. Occasional Papers 2.* Brighton: University of Sussex. 이 자료는 교육과정 분석 기준에 대한 세미나 자료다. 저자들이 발표한 기준은 Ben-Peretz의 것을 활용한 것이다. Ben-Peretz, M.(1981). Curriculum analysis as a tool of evaluation. In Lewy, A. and Nevo, D.(Eds.), *Evaluation roles in education,* London: Gordon and Breach.

6 교육과정 해석 도구 및 절차

The Teacher-Curriculum Encounter freeing teachers from the tyranny of texts

교육과정 해석 도구 및 절차 6

"알고자 하는 것은 모두 알 수 있다"
Muir의 법
A. Block, Muphy's Law Book Two, 1985 p. 96

앞 장에서 교사는 적절한 분석 기준을 사용해서 교육과정 및 교육과정 자료를 해석해야 한다고 했다. 이 장에서는 교사가 사용할 수 있는 해석 도구와 절차를 설명할 것이다. 이런 도구나 절차는 5장에서 구분한 주관적 해석과 객관적 해석에 사용한 내재적 기준이나 외재적 기준들이다.

이 도구는 교육과정 분석함으로써 교육과정을 탐구하는데 관심이 있는 교사를 돕기 위한 것이다. 여기서 말하는 교육과정 탐구란 교사가 자신이 사용하는 교육과정의 의미를 밝히는 것이다. 여기서 말하는 교육과정 자료는 주로 교사용 지도서, 핸드북, 학생용 교과서, 보조 자료들이다. 개발자는 텍스트에 개발자의 의도를 진술하고 있다. 이런 의도를 읽어 내기 위해서 교사는 앞장에서 예시한 '내재적' 분석 기준을 사용한다. 또 자신의 용어로 이를 읽을 수도 있다. 이런 기준을 사용하는 것은 텍스트를 개인적으로 의미 있게 읽기 위해서이다. 이 장에서는 독자로서 스스로의 의미를 찾고자 할 때 사용 가능한 도구와 '외재적' 분석 기준도 사용하는 도구를 설명할 것이다.

여러분이 만든 질문으로 도구를 만들어서 사용할 수도 있다. 이런 관점에서 교육과정 자료는 무엇을 의미하는가? 이와 같은 질문을 함으로써 교사는 스스로 교육과정을 이해할 수 있고, 자신의 교실에서 이런 자료를 어떻게 활용해야 할 것인가를 감지할 수 있다.

다음의 네 가지 도구가 있다.

1. Ben-Peretz 등(1982)이 개발한 CIR(Curriculum Item Repertory)
   이 도구는 내재적 기준을 사용하는 주관적 해석 도구이다. 교사는 교육과정 자료를 해석하기 위해 기준을 스스로 정한다. 이런 '개인적인 기준'은 교사가 처한 상황에서 교육과정 자료를 개인적, 주관적 개념으로 이해할 때 필요하다.

2. Silberstein과 Ben-Peretz(1983)가 개발한 실러버스 분석법
   실러버스 분석법은 내재적 기준을 사용하는 객관적 해석 도구이다. 이 도구는 교사에게 교육과정의 개요를 제공하면서 교육과정 자료를 해석할 수 있게 한다.

3. Ben-Peretz(1977)가 개발한 교과서와 지도서 분석법
   이것은 외재적 분석 기준을 사용하는 객관적 해석도구이다. 이것은 Schwab(1964)의 용어인 "필수요소commonplace" 개념에 기초해서 교과, 학습자, 환경, 교사로 구분해서 해석할 수 있다.

4. Ben-Peretz와 Lifmann(1978)이 개발한 수레바퀴the matching wheel 분석법
   이 도구는 외재적, 내재적 분석 기준을 모두 사용하는 객관적 해석 도구이다.

1. 아이템별 분석법(CIR Curriculum Item Repertory)

이 도구는 RCRT(Role Construct Repertory Test)를 확장한 것으로, 개인적인 기준을 찾기 위해 3요소를 한 세트로 구성했다. 해석하는 사람respodents은 기준을 잡는데 필요한 대상을 명확히 하고, 이들을 요소로 잡는다. 가령, 이런 요소로는 교실 학생, 교육 혁신의 유형, 텔레비전 프로그램이나 도서 목록 같은 것들을 잡을 수 있다.

비록 심리치료 분야이긴 하지만 Kelly(1955)의 이론을 여기에 활용힐 수 있는데, 이 이론은 현실적으로 고려해야 하는 다양힌 측면을 반영해서 해석한다. 이것은 사람들이 자신의 세계를 해석하는 방식과 같은 것이다. 여기서 제시하는 기순을 그대로 사용할 수도 있고, 다른 것을 침식해서 다시 민들 수도 있다. 최소힌 2기지 이상의 관점, 가령, 유사점과 차이점 정도로는 구분해야 한다. 해석하는 사람은 자신이 정한 기준을 적용해서 이런 비슷한 점과 차이점을 찾아 관련지어 설명한다. 가령, 차이점은 주로 교육과정 자료의 환경 영역에 해당한다.

CIR은 교육과정 자료를 분석하는 20개의 아이템으로 되어 있다. 이들 아이템은 교과서 내용의 한 단락, 삽화 등을 포함하고 있다. 한 아이템은 카드 한 장으로 작성되어 있고, 모든 카드는 알파벳순

으로 정렬되어 있다. 교육과정 아이템이 15개라면, 요소도 15개가 된다. 먼저, 교사는 자신이 정한 기준을 사용해서 자료에서 유사한 점 2개와 차이점 1개를 정한다. 예를 들어, 어떤 교사는 지적 기능 intellectual skills을 기준으로 교과서 페이지와 학습 활동이 유사하다고 해석했다. 반면 삽화는 주로 정서적으로 영향을 미친다고 생각해서 차이점으로 해석했다. 유사점이 "긍정적인 점" emerging pole이라면, 차이점은 "부정적인 점" contrast pole이다. 이 두 가지 관점은 지적 기능을 촉진하는 것/촉진하지 못하는 것이다. 또 어떤 교사는 학습 활동과 삽화가 모두 학생의 학습에 잠재적으로 동기를 유발한다고 보고 이를 비슷한 점으로 해석할 수 있다. 반면, 교과서 쪽은 동기를 부여하기 힘들기 때문에 차이점으로 정했다. 이 경우 기준은 동기 유발을 하는 것/동기유발을 하지 못하는 것으로 해석할 수 있다.

교사가 만든 기준은 교사가 교육과정 자료를 해석할 때 개인적으로 구성한 것으로 3개씩 15개 세트이다. 모든 세트를 모눈종이 모양으로 구성할 수 있다.

모눈 판 가로축에 요소를 나타내는 알파벳을 표시한다. 모눈 판의 왼쪽 두 줄을 이용해서 첫줄에는 각 요소에 해당하는 아이템을 기록하고, 두 번째 줄에는 긍정적인 점을 쓰고, 오른쪽 면에는 부정적인 점을 쓴다.

세로축을 완성하고 나서 요소별로 5점 척도로 표시한다. 교사가 한 요소를 정하면서 양 극으로 유사점과 차이점을 척도로 표기하면서 교육과정 자료의 모든 요소는 모눈 판에 목록화된다. 예를 들어, 교사는 양 극으로 '동기유발/동기유발 못함'이라는 두 관점을 적용할 수 있고, 교육과정 아이템을 모두 카드화 할 수 있다. 교사가 동기유발 하기 좋은 것이라고 판단하면 5점에 표시하고, 동기유발 기능이 낮다면 1점에 표시하고, 중간쯤이라고 생각하면 3점으로 표시한다.

간편 CIR 예시

다음 요소는 생물과 교육과정의 수압 단원에서의 교육과정 아이템이다.

A. 삽화 2컷. 한 사람은 말을 타고 있고, 한 사람은 오토바이를 타고 있는 삽화
B. 테그놀로지에서 수압을 설명한 짧은 문단의 글
C. 수압관련 질문들
D. 수압 관련 개인 경험을 탐구하는 학생 활동
E. 자동차의 발달에 대한 백과사전식의 설명

조합	부각되는 면	요소					반대되는 면
		A	B	C	D	E	
ABC	동기유발적인	5	5	1	4	2	동기유발적이지 못한
BCD	어려운	1	5	5	1	5	어렵지 않은
CDE	독립적인 학습 활동	3	3	5	1	5	독립적인 학습 활동이 아닌
ACE	삽화	5	1	1	1	5	삽화가 아닌
ABD	정서적 표현	5	1	1	5	1	정서적이지 표현이 아닌
BCE	그룹 활동 가능	1	5	5	5	1	그룹 활동하기 힘든

<표 3>은 어떤 교사가 분석한 것이다. 이 표를 보면, 세 개의 요소가 서로 다르게 조합되어 있다. 예를 들어, ABC는 '동기유발'을 기준으로 조합을 했다. A와 B 요소는 동기 면에서 5점이지만, C는 1점으로 동기유발 기능을 거의 하지 못한다. 동일한 방식으로 D와 E 요소를 묶더라도 처음의 ABC 조합과는 다르다. D가 4점이면, A와 B보다는 동기를 유발하기 어렵고, E가 2점이면, C보다 동기를 더 잘 유발한다.

5점은 긍정적이고, 반대로 1점은 부정적이다. 두 번째 조합은 BCD로, '난이도'를 기준으로 묶었다. 어렵다고 생각하면 5점이며, 어렵지 않다고 생각하면 1점이다. 이 표를 수직적으로 살펴보면, 교사가 해석한 교육과정 아이템의 성격을 알 수 있다. 예를 들어, 요소 E의 경우, 교사는 동기유발 기능이 낮고, 어렵고, 독립적인 활동이 아니며, 정서 표현이 없으며, 그룹 활동의 가능성이 없다고 해석했다.

반면, 요소 D의 경우, 동기유발 하기 좋고, 어렵지 않으며, 정서 표현이 있고, 독립적인 학습은 없지만 그룹 활동은 가능하다. 또 수평적으로 살펴보면, 요소들 간의 관계를 파악할 수 있다. 예를 들어, "동기적인"과 "정서 표현"은 서로 비슷하거나 관계가 있다. A요소, D요소에서도 동기유발 기능이 높으면 정서적이다. 반면, B의 경우는 다른데, 동기유발 기능이 있지만 정서적인 표현은 아니다. C, E의 경우는 동기유발적이지 못하면서 정서적인 표현도 없다. 이것을 기초로 보면, 이 교사가 교육과정 자료를 어떻게 인식하고 있는지를 알 수 있다. 자신의 것과 다른 교사의 것을 비교해 보면, 교육과정 자료를 보는 방식을 비교할 수 있고, 보는 능력을 확장할 수 있을 것이다. 즉 교육 가능성 읽기를 배울 것이다. CIR

도구는 교사가 교육과정 자료를 개인적으로 어떻게 읽는지를 통찰할 수 있게 해 준다. 교사가 자신의 교육과정 해석 능력을 고양시키고 풍부하게 하기 위해서 자신의 것과 동료의 것을 대조해 보는 것도 좋다.

이것이 주는 시사점은 앞 장(교과서 삽화에 관한 토의)에서 설명했다. 또 이 방식으로 분석한 영어과 교육과정이 있다. 참가자의 일부는 경험이 있는 경력 교사였고, 일부는 초보 교사였다. 경력 교사는 교수 방법에 집중하는 경향이 있었다. 예를 들어, "설명식 vs 탐구식", "종합적 이해 vs 기계적 학습"과 같은 양상으로 교육과정을 파악했다. 반면, 초보 교사는 학생이 참가해야 하는 "쓰기 vs 말하기"와 같은 활동 과제에 관심을 가졌다(Ben-Peretz et al 1982). 2명을 제외하면 집단 간 유사성이 있었다. 왜냐하면 참가한 교사들이 비슷한 세계에 살기 때문이다(Bannister 1970). 토의를 하고 나서 교사들은 교육과정 자료의 가능성을 더 확장하여 통찰했다. 이것이 교육학에 시사하는 점은 교육과정 자료를 보다 다양한 방식으로 구성해야 할 필요가 있다는 것이다.

CIR 도구는 교실에서 사용하는 교육과정 자료에 대한 교사 개인이 어떤 의미를 부여하고 있는지를 찾아보고자 할 때 사용하면 좋다. 교사는 개인적으로 사용할 수도 있고, 집단적으로 활용할 수도 있다.

교사는 주어진 교육과정 자료를 놓고 자료가 가진 교육과정 요소 즉 교육과정 아이템을 임의로 찾는다. 즉 CIR 도구에서는 교사가 교육과정 자료와 관련이 있다고 생각하는 것을 모두 찾아내도록 한다. 아이템은 바로 자료의 가능성을 찾는 것이기도 하다. CIR은 교사가 자료의 특성을 어떻게 이해하고 있는지를 보여주는 도구이다.

생각해보기

당신은 사용하고 있는 교육과정 자료를 대상으로 요소를 선택하면서 당신의 양식을 만들어 보라. 당신이 만든 것에 교육과정 자료 "읽기"를 통해서 당신이 알게 된 것을 반영해 보라. 당신이 만든 기준으로 해석했을 때 어떤 생각이 드는가? 동료와 협력해서 이런 양식을 만들 수도 있다. 각자 만들고, 자기가 "해석한 것"reading에 대해 토의를 해 보라.

2. 실러버스 분석법

이 도구는 교육과정 자료 개발의 "기반"platform을 분석할 때 사용한다(Walker 1974). 이런 기반platform은 교육의 관점에서 가능한 것과 바라는 것에 대한 의견이다. 이런 기반platform은 교육과정 자료를 사용하는 교사를 위해서 개발자가 제공하는 실러버스에 나타나 있다. 2장에서 언급했듯이, 실러버스는 주별로 다룰 주제나 토픽을 명시한 교수학습 개요이다. 이런 실러버스를 초점에 따라(다룰 토픽이나 주제의 목록, 목적이나 목표, 수업 방법이나 전략에 대한 제안, 개발의 주요 근거) 몇 가지 형태로 구분할 수 있다.

실러버스에 진술된 근거를 알아야 하고 그것을 사용하는 것이 필요한가 하는 질문을 할 수 있다. 교사가 자신이 가진 교과나 학생에 대한 지식에 의존해서 스스로 수업을 계획하는 것이 더 중요하고 가치 있는 것 아닌가? 교사의 자율성은 학생에게 맞는 수업을 설계하는데 있다;

그러나 교사의 자율성은 아직 그 실체가 모호해서 실러버스나 교사용 지도서가 존재하고, 또 광범위하게 활용되고 있는 형편이다.

우리의 기본 가정은 교육과정을 실행하는 과정에서 교사의 자율성이 상정되어야 한다는 것이다(Ben-Peretz 1975). 이런 관점을 Fullan과 Pomfret(1977)는 "상호 작용적"mutual adaptation 접근으로 연구했다. 이 접근 방식에 의하면, 교육과정을 실행하는 과정에 다양한 필요, 다양한 교수 환경, 교사의 교육 철학이 개입한다고 보았다. 교육과정을 구체적으로 보는데 필요한 개념을 가진 교사만이 2장에서 설명한 "교육과정 한계"curriculum envelope(Bridgham 1971)를 알 수 있다. 실러버스를 비판적으로 읽는 교사는 교육과정이 가진 어떤 특성을 일부 혹은 전부 받아들이기도 하고 배제하기도 한다. Peters(1967)는 "이런 원칙에 무지할 경우, 자료 자체가 가진 원리를 파악하지 못한다. 그리고 근거에 기초한 예측(기대)을 하지 못하고, 새로운 상황에서 당황하게 된다."(p. 6).

다음 질문들은 교사가 실러버스나 교사용지도서를 분석할 때 적용하는 기준이다:

1. 실러버스에서 중시하는 것은 무엇인가?
   a. 교수·학습 토픽이나 주제
   b. 교수·학습 토픽이나 주제의 계열 및 시량
   c. 교수 전략

2. 개발자가 진술한 근거는 무엇인가? 근거에 대한 진술은 다음과 같다:
   a. 이 교과의 성격

b. 이 교과와 다른 교과와의 관계
c. 프로그램과 목적(일반적 목적 또는 구체적 목적)의 관계
d. 서로 다른 학생을 위해서 제안한 교수 전략과 그것의 적합성
e. 자료를 사용하면서 교사가 할 역할

실러버스 분석의 첫 번째 단계는 개발자가 다루고 있는 이슈를 찾는 것이다. 예를 들어, 어떤 실러버스는 교사와 학생이 다루어야 할 토픽에 대해서는 매우 구체적으로 진술하지만, 그것의 계열이나 시량은 교사가 정하도록 하고 있다.

어떤 교사용 지도서는 교과의 성격이나, 다른 교과와의 관계에 대해서 자세하게 다루고 있지만, 학생에 대한 것은 거의 언급하지 않고 있다. 이런 것이 있다거나 생략되었다는 것을 알고 있는 교사는 실러버스를 이용해서 수업을 더 잘 계획할 것이다. 예를 들어, 학생과 내용을 구체적으로 매치하려고 노력할 것이다.

교사가 개발자의 메시지를 알아차린다는 것이 그것을 받아들여야 한다는 것은 아니다. 이것은 교사에게 교실에서 사용 가능한 교육과정 자료를 알게 해 준다는 의미다.

실러버스 분석의 두 번째 단계에서 교사는 다음과 같은 질문에 따라 자료에서 진술하고 있는 구체적인 근거를 분석한다:

1. 개발자는 교과의 성격을 어떻게 보고 있는가? 실러버스나 교사용 지도서에서 이런 것들은 지식, 지식의 구조, 탐구 방식으로 진술하고 있다. 예를 들면 다음과 같다.

① 지리

도입

이 단원은 지구와 지구의 사람들에 대해 학습한다. 지리는 다시 자연지리, 문화지리, 경제지리, 전략지리로 구분한다.

이 단원에서 가르쳐야 할 지리 개념은 다음과 같다:

- 지리: 지리의 특성과 범위
- 체계와 생태; 폐쇄체제와 개방체제
- 1차원의 세계; 2차원의 세계, 3차원의 세계, 4차원의 세계
- 상호의존성
- 지도: 척도, 방향, 범례; 지구본
- 자연지리, 정치지리
- 국가 총생산
- 전략적 자원
- 지구촌의 빌진과 국가 발진
- 시간; 공간

이 단원에시 가르쳐야 할 지리적 기능이니 절치는 디음괴 같다:

- 체제 분석
- 지도 그리기와 지도 읽기
- 시간대 결정하기
- 역할놀이와 시뮬레이션
- 정보 추출하기와 요약하기
- 그래프, 표, 차트에서 정보 얻기

이 단원은 학생이 사회과학의 기본 절차와 개념을 최대한 잘 배우도록 하였다. 그리고 교사-학생이 활동할 수 있는 창의적인 환경을 강조하였다(CM-"사람과 자원" 1985, p. 157).

2. 다른 교과와 어떻게 관련되어 있는가? 가령, '이 교과는 다른 교과에서 배운 지식이나 타 영역과 통합할 수 있도록 하였다'와 같이 진술하고 있다. 예를 들면 다음과 같다.

우리는 "사람과 자원"을 단일 교과로 볼 수 없다. 이 교과는 다양한 맥락에서 사용할 수 있는 자료이다. 예를 들어, 생물, 화학, 물리, 공통과학, 사회, 지리, 역사, 환경 등에서 다룰 수 있는 주제이다(CM-"사람과 자원" 1975, p. 8).

3. 교육의 목적과 교육과정의 관계에서 기대하는 것은 무엇인가? 교육과정의 목적은 주로 개발자가 정하는 편이다. 예를 들면 다음과 같다.

사람이 자원의 영향을 받든 영향을 미치든 간에 이런 관계를 학생이 공감할 수 있도록 하는데 필요한 정보나 경험을 제공하기 위해 (CM-"사람과 자원" 1975, p. 7)

4. 권장하는 교수·학습 방법은 무엇인가? 때로 이것은 교과의 성격에서 유래한다. 예를 들면 다음과 같다.

학생은 생물을 탐구하고, 생명체를 대상으로 간단한 실험을 설

계하여 수행할 수 있다.(CM-"사람과 자원" 1975, p. 2)

5. 교사의 역할은 무엇인가? 실러버스나 지도서에서는 교사의 역할을 구체적으로 진술하고 있다. 예를 들면 다음과 같다.

조직자, 안내자, 조사하기, 후속하는 과제나 다른 교과와 연계하기, 회의에서 의장 역할하기, 일련의 활동 결과 요약하기, 학생들마다 겪는 어려움 정리하기 등(CM-"사람과 자원" 1975, p. 9)

실러버스에서는 학습 순서와 시간을 명확하게 제시한다. 예를 들면 다음과 같다.

책에 제시한 순서는 바꿀 수 있다. 어떤 것은 몇 년 계속해서 사용할 수 있다. 한 책을 3년 동안 사용할 수 있다……(CM-"사람과 자원" 1975, p. 8)

어떤 실러버스는 이런 것을 명확하게 진술하지 않는데, 이럴 경우 교사는 각 질문의 해답을 스스로 찾아야 한다. 이때 교사는 텍스트에서 암시하는 메시지를 해석한다. 어떤 실러버스는 내용 지식의 구조를 명확하게 진술하지 않는다. 예를 들어, 교사는 다음과 같은 글을 접하면서 교실에서 이 자료를 어떻게 사용해야 할지 알기 힘들 수도 있다.

환경 교육과정의 내용은 과학, 수학, 사회, 언어, 미술 교과 영역뿐만 아니라 가치교육, 진로교육, 소비자 교육을 통합하고 있다. 여기에 제시된 것은 이런 종합적인 교육과정 개발 방식으로 환경 교육을 하도록 하였다(CM- Department of Education, Hawaii 1977, p. 7).

이 사례의 경우, 교사는 환경 교육의 구체적인 사항을 스스로 해석할 수 있어야 한다.

교사가 주어진 교육과정에 대해 자신의 자율성을 발휘하고 싶다면, 관련 질문을 하고 실러버스를 분석하면서 자율성을 발휘하게 된다. 집단적으로 실라버스를 분석할 경우, 교사는 여러 가지 측면에서 보다 근거있고, 보다 다양한 가정, 유의점, 방식을 접할 수 있다. 특정한 교육과정 개념을 알고 있다면, 교사는 이 교육과정의 범위를 정하는데 좀 더 신중할 것이다. 구체적인 상황을 대상으로 분석한다면, 교사가 중요하게 생각하는 것을 통합하거나 분리하는 등 교육과정 자료를 보다 융통성 있게 조정할 수 있게 될 것이다.

> **생각해보기**
>
> 이런 도구를 사용해서 당신은 교육과정 자료의 특성을 감지할 수 있다.

3. 교과서와 지도서 분석법

교과서와 지도서 분석은 5장에서도 소개했다. 교과서와 지도서 분석을 통해서 교사는 교육과정을 보다 잘 이해 할 수 있다. 우리는 이 분석에 대해 좀 더 자세히 다룰 것이다. 교육과정 분석 매트릭스(Ben-Peretz 1977)는 교과, 학습자, 환경, 교사 4개의 범주로 구분한다. 여기서는 각 범주 내의 기준들을 설명해 보자. 또 이 도구는 부록에도 제시되어 있다. 이 설문지에서 응답자들은 교육과정 자료를 대상으로 다음과 같이 표시한다.

1 - 전혀
2 - 약간
3 - 매우

교육과정 자료를 "프로파일"로 정리하고, 영역별로 각 기준에 대한 의견을 밝힌다.

① 범주 1: 교과
이 범주는 "교과" 이다. 범주 내 분석 기준은 5개이다:

기준 1.10. 정보, 개념, 원리
1.11. 구체적인 정보를 진술하고 있다.
예 가장 큰 sequoia trees를 General Sherman이라고 부른다.
1.12. 개념을 강조한다.
예 잎은 표피로 덮여있다.
1.13. 일반적 원리를 강조한다.
예 생물체는 산소가 필요하다.

기준 1.20. 과학적인 접근

1.21. 탐구 방식을 제시한다.

예 과학적인 실험은 조건 통제를 한다.

1.22. 문제 해결 방법이 구체적이다.

예 동물의 색을 자세히 조사한다.

기준 1.30. 일상생활과의 관계

1.31. 교과 지식에 대한 개별적 의미를 진술하고 있다.

예 당신이 어느 날 밤에 집에서 책을 읽고 있는데 갑자기 전구가 나갔다. 캄캄한 곳에서 뭔가를 찾으려면 어떤 감각의 도움을 받아야 할까?

1.32. 교과 지식의 사회적 의미를 진술하고 있다.

예 아일랜드에서는 이주 문제를 감자 병충해로 인한 식물의 재해로 설명할 수 있다.

기준 1.40. 학자 이미지

1.41. 과학자나 학자의 이름은 익명이다.

예 과학자는 물속에 녹색 식물이 있다면, 물고기들이 숨을 쉴 수 있다고 했다.

1.42. 과학자와 학자의 이름을 실명으로 제시한다.

예 아르키메데스의 법칙이 있다.

1.43. 학자에 대한 설명이 있다.

예 스팔라자니는 교육으로는 법학자, 소명 의식으로는 성직자, 성향으로는 열정적 생물학자였다.

기준 1.50. 다른 교과와 통합

1.51. 이해를 돕는데 필요한 타 교과의 지식을 제공한다.

예 전기분해요법으로 물 분자를 분리할 수 있다.

1.52. 특정 교과 지식을 타 교과로 지식으로 전이하고 있다.

예 수력 관련 지식은 기술 분야에서도 다룬다.

② 범주 2: 학습자

이 범주는 "학습자"이다. 범주 내 분석 기준은 4개이다:

범주 2.10. 학습자에게 기대하는 것이다.

2.11. 학습자는 발견 학습에 참여할 것이다.

예 비는 수돗물과 비슷한가? 이 질문을 조사하기 위한 실험을 계획하라.

2.12. 학습자는 교과 지식을 습득할 것이다.

예 심해에 사는 동물은 빛을 가지고 있어 먹이를 찾고 서로의 어종을 구분한다.

기준 2.20. 학습을 발달시킬 기회

2.21. 지적 발달 기회를 제공한다.

예 폐의 모양과 숨을 쉬는 강도 간에는 관계가 있는지 설명해보라.

2.22. 정의적 발달 기회를 제공한다.

예 감금된 동물의 행동을 보고 기아가 미치는 영향을 생각해보라.

2.23. 심동 영역의 발달 기회를 제공한다,

예 핀셋을 사용하여 작은 잎 조각을 접시에 옮겨라.

기준 2.30. 수업에서 의도하는 것

2.31. 학습자 개인의 요구와 흥미를 고려한다.

예 특정한 내용을 공부하는 다양한 방법을 제시한다.

2.32. 학습자는 자신의 흥미와 요구를 집단에서 공유한다.

예 모든 학생에게 공통 과제를 제시한다.

기준 2.40. 학습 스타일

2.41. 학습자는 다양한 구조적 혹은 비구조적인 환경에서 학습한다.

예 구체적인 안내 없이 새를 관찰하는 비구조화된 학습과제를 제시하고 있다.

2.42. 학습자에게 고도로 구조화된 학습을 제시한다.

예 실험을 수행하는 단계를 제시한다.

③ 범주 3: 환경

이 범주는 교과와 사회가 서로에게 미치는 영향을 다룬다. 환경이 사회에 미치는 다른 측면을 교과의 방식으로 다룬다.

기준 3.10. 사회와 교과의 상호작용

3.11. 교과가 사회발달에 미치는 영향을 다룬다.

예 유전학이 발달하면서 공산주의 이념이 발달하였다.

3.12. 사회가 교과에 미치는 영향을 다룬다.

예 미래의 농업 양식이 "해양 목장"의 발달에 미치는 영향에 대해 토의하라.

기준 3.20. 사회와 교육과정의 상호작용

3.21. 교육과정 자료는 사회적인 요구들을 반영한다.

예 환경과 교육과정; 흑인 연구들; 여성 연구들; 유대인 대학살 연구들을 반영한다.

3.22. 교육과정 자료는 이데올로기를 반영한다.

예 진화론과 나란히 창조론이 제시됨.

④ 범주 4: 교사

이 범주는 교육과정 개발 절차, 실행, 평가에서 교사가 하는 역할과 관계가 있다. 4개의 분석 기준이 있다. 교사용 지도서, 안내서, 매뉴얼을 대상으로 분석한다.

기준 4.10. 개발자와 교사의 소통

4.11. 지도서에는 개발자의 의도를 진술하고 있다.

예 구조와 기능의 관계를 강조한다. 왜냐하면 이 개념은 여러 가지 현상을 설명하는데 중요하기 때문이다.

4.12. 지도서에는 학생을 다루는 방식을 진술 하고 있다.

예 다양한 주제와 학습 활동에 대한 동기를 유발하라는 설명이 있다.

4.13. 지도서에는 개발자가 교육과정 실행 환경을 어떻게 보는지를 진술하고 있다.

예 학습 대상자의 민족성 때문에 다문화적 주제가 포함되었다.

4.14. 지도서에는 자료 사용에 대한 교사의 역할을 진술하고 있다.

예 교사는 수업 중 집단 활동을 요청할 수 있다.

기준 4.20. 교사 자율성

4.21. 목표가 구체적이다.

예 학생은 생물과 텍스트를 읽고 이해할 수 있다.

4.22. 교수 전략이 구체적이다.

예 학습자를 동질 집단으로 조직한다.

4.23. 보조 자료가 있다.

예 환경과 교육과정 자료 패키지에는 수질오염에 관한 논문이 들어 있다.

4.24. 교사에게 대안을 제시한다.

예 인간의 신경계 관련 주제를 3개 더 제시한다.

4.25. 교사가 단원을 설계하도록 권고한다.

예 교육과정 자료에는 정확한 토픽이 제시되지 않는다. 이는 교사 스스로 단원을 개발하라는 의미다.

기준 4.30. 수업 중 교사의 역할

4.31. 교사를 교과 지식의 원천으로 규정한다.

예 교사는 학생에게 정확한 정보를 제공한다.

4.32. 교사는 학생의 자기 주도적 학습을 지원한다.

예 교사는 학생이 실험, 토의, 개념을 도출할 때 적극적으로 돕는다.

기준 4.40. 교사의 요구

4.41. 이 자료를 사용하기 위해서 연수가 필요하다.

예 이 자료는 교과에 대한 추가 정보가 필요하다.

4.42. 자료를 사용하기 힘들다.

예 학생의 오개념이 학습을 방해한다.

4.43. 교사-학생, 학생-학생 등 다양한 관계를 다루고 있다.

예 교사는 학생의 학습 파트너로 간주된다.

4.44. 교사의 의견과 생각, 태도를 고려하고 있다.

예 만약 교사가 생물을 나루기 힘들다면 생물 교육과정의 한 부분을 생략할 수 있다.

교과서 및 지도서를 분석하는 기준은 Bloom(1956)이나 Hunt (1971, 1974)의 학습 스타일에 대한 연구처럼 교사가 확실한 기준에 기초해서 교육과정 자료의 특성을 파악할 수 있도록 돕는다. 교육과정 분석은 교사에게 자료를 "해부"anatomy 해 볼 수 있도록 한다. 교사의 관심사나 교실의 관점에서 교육과정 자료의 특성을 이해하기 위해서는 이런 해석을 해야 한다. 교사는 자신의 흥미나 관심에 따라 범주 중 하나만 선택해서 혹은 여러 개를 혼합해서 분석할 수도 있다. 예를 들어, 교과에 관심이 많은 교사는 이 범주만 분석할 수 있다. 온타리오 주의 과학교사협회The Science Teachers' Association of Ontario는 과학과 내용에 대한 일반적 특성을 중심으로 과학과 교육과정 정책 보고서(1985)를 제출했다. 그들이 주장한 것은 다음과 같다.

> 학교 교육과정에서 다루는 과학의 특성과 과학자나 과학교육 분야에서 다루는 과학의 특성은 매우 다르다. … 과학 철학자나 과학 교육자가 과학의 특성을 언급할 때 그들은 탐구의 결과 못지않게 과정을 고려한다. …
> 과학 교육과정은 학생이 지식과 같은 과학의 산물이 아니라, 과학의 성격을 이해하도록 교육해야 한다.(A Rationale for Quality Science Education, p. 14)

교사들이 과학과 교육과정 자료를 대상으로 교과 범주를 분석한 결과는 수업에 대한 시사점을 제공한다. 교사는 이 결과에 기초해서 자료를 바꾸거나 변용해서 자신의 수업에 사용할 것이다.

사회적 이슈에 관심이 있는 교사는 "환경" 범주를 중심으로 분석하는 경향이 있다. 위에서 언급한 정책 보고서를 낸 협회에서는 과학과 교육과정에서 유전자 조작과 같은 "과학과 사회" 관련 이슈를 다루어야한다고 요청했다. 교사는 그들이 사용하는 자료가 내포하고 있는 교육과정 가능성을 해석함으로써 수업에서 이런 이슈를 다룰지 여부를 정한다.

교사가 교육과정 자료에 대해 어떤 점에 관심이 있는지에 대해서는 3장에서 살펴보았다. 주 관심사 중의 하나는 다양한 학습자에게 이 자료를 적용할 수 있는가 였다. 이런 점에서 교육과정 자료 분석에서 "학습자" 범주는 매우 중요하다. 교사는 이런 자료가 특정한 발달 단계의 학생들에게 발달 기회를 제공하지 못한다고 판단할 수도 있다. 이런 통찰은 시뮬레이션이나 역할놀이와 같은 다양한 교수방법을 고려하도록 한다. 동시에 이것은 학생에게 과학적 이슈를 생각해 볼 기회를 제공한다.

4개의 범주를 모두 분석하면 복잡한 교육과정 특성을 보다 면밀하게 파악할 수 있다. 결국 이런 특성을 인식하는 만큼 교사는 수업의 적절성과 가능성을 예측할 것이다.

> **생각해보기**
> 이 분석 도구를 사용해서 당신의 교육과정 자료를 분석해 보라. 부록의 설문지를 참고하면 분석하는데 도움이 될 것이다.

4. 수레바퀴 분석법 the matching wheel

5장에서 우리는 내재적 기준과 외재적 기준을 구분했다. The matching wheel(Ben-Peretz and Lifmann 1978)은 내재적 기준과 외재적 기준을 모두 사용한 종합적인 교육과정 해석 도구이다([그림 4] 참조).

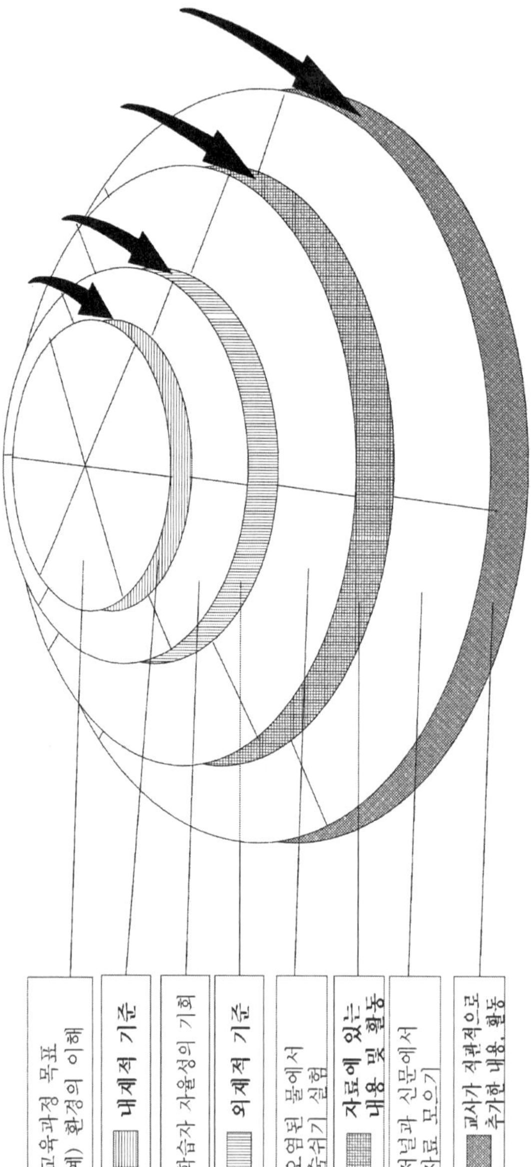

[그림 4] The matching wheel

The matching wheel은 교육과정을 해석하는 도구인데, 연결 원리를 그림으로 표현한 것이다. 이것은 몇 개의 층을 갖고 있는데, 이 층은 휠의 중앙 축에 핀을 꽂아 플랫폼들을 붙여 놓은 모습이다. 이 핀은 사용자가 다른 층과 자유롭게 결합할 수 있다는 의미다. 4개의 층은 다음과 같다. 위쪽에 있는 두 개의 층은 분석과 해석을 하는 것이다. 첫 번째 층에서는 개발자가 설정한 목표, 즉 내재적 기준을 파악한다. 예를 들어 "환경 관련 개념 이해하기"라고 해 보자. 두 번째 층에서는 외재적 기준에 주목하여 개발자가 아니라 학습자의 자율성을 해석한다. 아래 쪽 두 개의 층은 교육과정 자료, 교육과정 자료의 아이템이 되는 내용 혹은 활동이다. 예를 들어 세 번째 층의, "오염된 물에서 숨 쉬기 실험"과 같은 것이다. 네 번째 층에서는 "저널이나 신문에서 정보 모으기"와 같이 교사가 직관적으로 추가한 아이템이나 활동이다.

분석과 해석의 절차는 다음과 같다:

1. 교과서 같은 교육과정 자료에서 한 단원을 선택한다. 텍스트, 삽화, 활동과제 등 아이템별로 번호를 매긴다.
2. 내재적 기준과 외재적 기준을 정해서 The matching wheel의 적절한 부분에 적는다.
3. 번호를 매긴 교육과정 아이템과 분석 기준을 적절하게 매치시킨다. 예를 들어, 물속에서 숨 쉬기 실험과 "학습자 자율성"이라는 기준을 매치시킬 수도 있고, "환경 관련 개념 이해하기" 라는 목적과 매치시킬 수도 있다.
4. 내재적 기준과 외재적 기준에 매치시키기 위한 내용이나 활동을 추가한다. 그리고 그것을 네 번째 층에 적는다.

5. 아이템과 분석 기준을 다양하게 더 매치시켜 본다. 이 과정에서 교육과정 가능성을 탐구한다.
6. 아이템을 추가해 가면서 교육과정 자료의 가능성을 확장한다.

The matching wheel의 원리는 다음과 같다:

1. 매칭의 원리. 자료가 가진 부분들, 요소들을 모두 여러 가지 학습 가능성으로 매치시킨다. 이런 가능성 중에는 개발자가 의도한 것도 있고, 의도하지 않은 것도 있다.
2. 다양성의 원리. 다양성은 자체가 다양한 기준을 가지고 있는 것이다. 제시된 활동을 대상으로 여러 가지로 연결시켜 보는 것이다.
3. 교사 자율성의 원리. 교사는 자신이 통찰한 것에 따라 주어진 교육과정 자료를 융통성 있게 다룬다.

The matching wheel에서는 발견한 것을 수량화 할 수 있다. 예를 들어, 교사가 교육과정 자료를 재밌고 흥미롭게 표현한 것을 찾고 싶어 한다면, 해당하는 아이템을 세고, 수로 표현할 것이다. 자료가 가진 구체적인 요소와 분석기준을 매치한 이런 교육과정 해석은 수업을 위한 사전 활동으로 혹은 수업 계획에 유용하다.

개인이 The matching wheel을 사용해서 교육과정을 해석하고, 그 결과를 그룹 토의에서 공유할 수도 있고, 실행을 좀 더 구체적으로 떠 올려 볼 수도 있을 것이다. 교사가 이 도구를 사용하면, 주어진 교육과정 자료에 있는 학습활동을 더 확산할 수 있고 정교화할 수 있을 것이다.

> **생각해보기**
>
> 다른 목적을 위해서 "the matching wheel"을 사용할 수도 있다. 예를 들어, 주어진 교육과정 자료에 기초해서 수업을 계획할 때 활용할 수 있다. 또 수업 중에 가장 적절한 것을 선택하기 위해서 여러 자료를 비교해야 할 때도 사용할 수 있다. 자료를 분석 할 때 학생을 참여시켜서 학생들이 스스로 자료의 성격을 파악할 수 있도록 도와 줄 수도 있다.

5. 결론

이 장에서는 교육과정 분석 및 해석 도구 4가지를 제시했다. 이 도구들은 모두 교사가 이들 도구를 보다 능동적으로 사용할 수 있도록 설계되어 있다.

교육과정 자료를 분석하는 일은 다양한 교육 상황에서 가능한 의미를 찾고자 할 때 필수적이다. 도구가 다양하기 때문에 교사는 새로운 방식으로 교육과정을 실행할 수 있는 기회를 제공한다. 도구가 모두 교과에 기초한 것은 아니기 때문에 교사의 관심에 따라, 수업의 영역에 따라 융통성 있게 활용할 수 있다. 네 가지 도구를 상세하게 설명했지만 이 도구의 활용은 다양하며, 교사가 스스로 이 도구를 수정 · 보완할 수도 있다.

이것은 교사에게 주어진 교육과정을 구현하고, 교사로서 자신이나 학생의 선택을 조절할 수 있는 기회를 준다. 교사와 학생의 선택이 주는 딜레마는 교사가 해결해야 하는 것인데, 교사가 중요하다고 생각하는 아이디어, 개념, 지식을 결정함으로써 해결할 수 있다. 나아가서 교사는 자신의 수업에 적절하다고 생각하는 선택 가능한 방안을 계속해서 탐구할 것이다. 중요한 것은 중요한 결정을 하기 전에 교육과정 자료를 분석하고 해석할 필요가 있다는 점이다.

더 읽을 자료

Kelly의 개인 구성 이론에 관심이 있다면, 다음 자료를 참고할 수 있다:

Kelly, G. A. (1995): *The Psychology of Personal Constructs,* New York, Norton.

Adams-Webber, S. R. (1979): *Personal Construct Theory, Concepts and Applications,* New York, John Wiley and Sons.

Pope, M. L., and Keen, T. R. (1981): *Personal Construct Psychology and Education,* London, Academic Press.

교육과정 자료에 대한 교사의 구성 사례를 전반적으로 알고 싶으면, Bussis, A. M. E., Chittenden, A.. and Amarel, M.(1976). *Beyond Surface Curriculum.* Boulder, Col., Westview Press.를 참조하시오.

교육과정 가능성과 교사 교육 7

The Teacher-Curriculum Encounter freeing teachers from the tyranny of texts

교육과정 가능성과 교사 교육 7

The Teacher-Curriculum Encounter freeing teachers from the tyranny of texts

"내가 말하는 것을 내가 모르면, 어떤 것도 가능하지 않다."
A. Block, Muphy's Law Book Two, 1985 p. 51

교사는 전문가로서 수업에서 가르칠 것을 선정하고 그것을 가르칠 권한을 갖고 있다. Loewenberg-Ball과 Feiman-Nemser(1988)는 교사들이 서로 다른 교사 교육과정을 이수하는데도 불구하고, 대부분의 교사는 교과서나 지도서에 대해서는 거의 비슷한 이미지를 갖고 있다는 것을 발견했다. 교사는 '교과서'에 대해 심각하게 고민하지 않는다. 앞 장에서 교사는 교육과정을 해석해야 한다는 점을 강조했다. 이런 해석자로서 교사는 교육과정 자료의 가능성을 통찰하고 이렇게 통찰한 것은 교사의 수업에 영향을 미친다. 교사가 이런 통찰을 하지 못하면 교과서나 지도서를 사용할 때 '교재가 제시하는 것'에 머물 수밖에 없다. 왜냐하면 주어진 자료에 '있는 것'만 보기 때문이다. 교사에게 자신만의 교육과정 자료를 개발하도록 기대하는 것도 현실적으로는 어렵다. 또 표준화된 교과서와 정형화된 지도서는 교육활동을 하는 구체적인 상황에 딱 맞지도 않다. 모든 교육과정 자료는 나름대로 결점이 있다. 또 그렇다 하더라도 이런 결점을 꼭 찾아내야 하는 것도 아니다. 예를 들어 "미국에서 가장 널리 사용되는 교과서는 대표성이 있는 내용을 담고 있지만, 교사, 학생, 교수, 배움에 대한 어떤 관점을 전제하며, 이것이 바로 교과서가 잠재적으로 사회 문화적 편견을 가지고 있다"는 비판이다(Loewenberg-Ball and Feiman Nemser, 1988, p. 401). 학생에게 학습할 기회를 주기 위해서는 교육과정 자료를 학교의 일상적인 생활로 상세화하고 바꾸어야 한다.

교사의 전문성은 교육과정을 이런 자료로 상세화하거나 변환할 줄 아는 것이다. 이런 활동을 하려면 교사는 다음과 같은 능력을 길러야 한다.

- 교육과정 자료를 분석하고 해석하기
- 구체적인 학습 상황에서 발생하는 요구를 반영하면서 교육과정 요소를 선정하고, 계열화하고, 변형하기
- 주어진 교육과정 자료를 넘어서는 수업설계하기(units)

교사교육과정은 교사가 이런 능력을 개발하도록 도와야 한다. 교육과정에 민감하게 반응하고 그것을 자료로 정교화 할 수 있도록, 즉 교육과정을 해석하고, 자료를 개발할 수 있도록 예비교사 교육을 해야 한다: "자료를 신중하게 사용하기 위해서는 일련의 자료 개발과 자료가 포함하고 있는 의미와 가능성을 이해해야한다"(Loewenberg-Ball and Feiman-Nemser 1988, p. 420). 교실에서 수업을 해본 경험이 거의 없는 예비교사는 교육과정 자료를 사용한 결과가 어떨지 예상하지 못한다. Shulman(1987)이 "교육과정

지식"curriculum knowledge과 "교수 내용 지식"pedagogical content knowledge으로 구분한 수업관련 지식을 교사가 획득하려면 다년간의 경험이 필요하다. 예를 들어, 이런 경험이 있는 교사가 경험이 없는 교사에게 교육과정 관련 쟁점을 다룰 수 있도록 도울 수 있을 것이다. 대학의 교사 교육은 교사가 교육과정을 성찰하고, 교육과정 관련 문제를 해결하며, 교육과정을 창조할 수 있도록 교사의 교직 수행 능력을 발달시키고 성장시켜야 한다.

1. 교사가 교육과정을 사용할 수 있도록 하기 위한 교육

교사가 교육과정 쟁점에 대한 성찰과 교육과정 문해력curriculum literacy를 확보할 수 있도록 하기 위해서 다음과 같은 교육을 제공할 필요가 있다:

- 교육과정 및 교육과정 자료 개발 '관점'choice points 찾기
- 다양한 도구를 사용하여 교육과정 및 교육과정 자료를 분석하고 해석하기
- 교육과정 및 교육과정 자료 개발해 보기
- 교육과정 실행 연구 읽기
- 팀작업 해보기(협조, 협력)

이들 각 각에 대해서 살펴보자.

① 교육과정 및 교육과정 자료 개발 '관점' 찾기

교육과정 개발자는 교과, 학습지, 예상되는 교수 행위를 심사숙

고하여 교육과정의 형태, 내용, 범위, 계열을 정한다. 이런 결정을 할 때, 교육과정 및 교육과정 자료의 개발 '관점'이 영향을 미친다. Connelly(1972)는 이 '관점'을 교육과정 및 교육과정 자료 개발의 철학적, 심리학적, 사회적, 방법론적 기초로 언급한다(p. 172). 개발자는 개발 관점을 정하고 적용할 수 있는 것들을 수집하여 의사결정을 한다. 교육과정 자료를 선정할 때 개발자는 다음과 같은 질문을 할 수 있다: 자료에 어떤 정보를 담아야 하는가? 지식의 어떤 측면을 강조해야 하는가? 내용을 의미 있게 다루려면 어떤 사회적, 개인적 이슈를 다루어야 하는가? 이러한 질문을 통해서 교사는 교육과정의 가능성을 감지한다.

교사가 이런 관점이나 교육학적 지식을 습득하는 일은 중요하다. 이것을 기초로 교사는 자료를(그것이 외부에서 개발된 것이든 자신이 개발한 것이든) 선택하고, 자료의 의미를 규정하고, 자료가 미치는 영향을 포괄적으로 이해할 수 있다. 교사 교육과정에서는 학생이 이런 관점을 통해서 교육과정 자료가 가진 특성을 통찰할 수 있도록 도와주어야 한다.

이런 것들을 교사교육에서 어떻게 할 것인가? 한 가지 방법은 교육과정 자료를 정할 때 어떤 이론이 영향을 미치는지 찾아보게 하는 것이다. 예를 들어, 교사 교육 중에 교사는 이 교육과정 자료에 행동주의가 영향을 미쳤다고 생각할 수 있다. 그렇다면 행동주의 학습 이론이 이 자료에 어떻게 영향을 미쳤는지를 탐색해 봐야 한다. 또 피아제의 인지 심리학이 이 자료에 미친 영향을 탐구할 수도 있다.

교육과정 자료를 주의 깊게 읽는 것도 좋은 방식이다. 예를 들어, 교사는 교육과정 자료가 포함하고 있는 구체적인 내용이나 대안, 가능한 것들을 목록화 할 수 있다. 교육과정 자료를 검토해 봄으로써 교사는 교육과정 개발관점을 더 민감하게 포착할 수 있다.

② 교육과정 및 교육과정 자료 분석 및 해석하기

교육과정이나 자료를 통찰할 수 있는 전략 중 하나는 실러버스나 교육과정 자료를 구조적으로 분석하는 것이다. 실러버스 분석법을 배움으로써 교사는 교육과정(자료) 개발자나 교과서 저자들이 어떤 선택을 했는지 알 수 있다. 실러버스 분석법에 대해서는 앞 장에서 설명하고 예도 들었다.

이론적인 관점을 공부하고, 이를 적용해서 교육과정을 실제로 분석하는 과정에 교사는 교육과정 문해력curriculum literacy을 획득한다. 교사가 교과서나 지도서로부터 자유로워지기 위해서 교육과정 문해력을 개발해야 한다. 교육과정 개발에 얽힌 '일화'inside story를 통해서 교육과정이나 교육과정 자료의 주요 아이템을 파악할 수 있고, 교육과정 자료의 성격과 교육과정 자료가 가진 문제들 해결할 수 있다. 교육과정 문해력 확보는 교사가 교육과정 자율성을 확보하는 조건이다.

교육과정을 분석하고 해석하는 것은 관점choice points을 파악하는 것 이상이다. 여러 가지 분석 도구의 사용법을 익히고, 이런 도구로 서로 상이한 목적을 설정하고 그것을 해석해 봄으로써 교사는 교육과정 자료를 해석하는 기술을 습득하고 자료 간의 미묘한 차이를 감별할 수 있게 된다. 교육과정을 분석하는 목적은 개발자의 의도나 선택을 알아보는 것만 아니라, 교사로 하여금 자료를 새롭고 기대하지 않은 방식으로 사용할 수 있도록 하는데 있다. 교사는 적절한 분석 도구를 사용해서 교육과정 자료를 분석함으로써 교육과정 자료에 담긴 가능성을 발견하고, 교육과정 자료의 복합성과 풍부함을 통찰할 수 있다. 어떤 도구를 사용하든 이런 분석을 모종의 통찰을 제한한다. 때문에 교사는 가능한 여러 가지 도구를 사용할 줄 아는 것이 좋고, 이런 도구로 교육과정을 분석해 보는 것이 필요하다.

교육과정 개발에 참여하기 전에 교사는 교육과정 자료가 가진 관점과 가능성을 파악 할 수 있어야 한다.

③ 교육과정 및 교육과정 자료 개발해 보기

예비교사는 교사 교육과정에서 교육과정을 개발해 보는 것이 좋다. 왜냐하면 자신의 교실에서 사용해야한다는 압박감 없이 억압적이지 않는 상황에서 교육과정을 개발해 볼 수 있기 때문이다. 교육과정 개발 경험은 교사에게 개발과정에서 하는 여러 가지 의사를 결정하는: 내용 선정, 교수법 선정, 범위와 계열 정하기 같은 기회를 갖는다. Connelly와 Ben-Peretz(1980)는 대학의 교사 교육과정에서 교육과정 개발 경험을 제공하는 사례를 제시했다. 이 사례는 1년 동안 지리과 교육과정 위원회에서 활동한 대학생 사례다. 참가한 학생들은 교육과정 개발 과정에서 당면하는 문제들을 해결할 수 있게 되었다.

1장에서 제시했듯이, 서로 다른 이론으로 교육과정 개발과 실행을 분석해 보는 경험은 교사에게 교육과정에 대한 자신의 관점을 찾도록 자극한다. 교육과정에 대한 관점은 교사가 매일하는 교실수업에 영향을 미치며, 주어진 교육과정 자료를 어떻게 사용할 수 있을지를 알게 해 준다.

> **생각해보기**
>
> 당신이 근무하는 학교에서 이런 경험을 시도해 보라.

④ 교육과정 실행 연구 읽기

교사는 매일 교육과정을 사용한다. 교사가 교육과정 자료를 보는 안목을 높이기 위해서는 교육과정 실행 연구들을 접해 보아야 한다. Reid와 Walker(1975)의 교육과정 변천에 대한 사례연구에서 교사가 관련 연구물을 읽어 봄으로써 실행 과정에서 발생하는 문제들을 알게 되었다고 보고하였다.

또 교사는 교실 개선 방식에 대한 연구들을 읽어야 한다(Hamilton 1975). 이런 연구들은 교사가 걱정하는 것이 새로운 교육과정 자료와 실제 학교여건이 맞지 않아서 생길 수 있는 역효과라고 언급한다. 또 교사를 교육과정 기술자로 보기보다는 교육과정 자료와 교실의 실행을 매개하는 중요한 인물로 다룬다.

연구 보고서 읽기는 교육과정 자료가 학생에게 가치 있다는 것을 알고 있지만, 사용해 보지 못한 예비교사에게 도움이 될 것이다. 교육과정을 사용하는데 영향을 미치는 요소들을 세심하게 알아봄으로써 교사는 자료를 잘 못 사용하게 되는 이유를 깨닫게 되고, 또 다른 실행 방식도 알게 된다.

⑤ 협력

교사가 교육과정 자료를 개발할 때는 늘 서로 협력하고 협조하는 태도가 필요하다. 교사의 협력 기술은 수업 전략 중 하나이기도

하다. 교사 교육을 개혁하고자 할 때 늘 교사-학생, 교사-동료, 교사가 속한 팀에서 협력을 강조한다. Talyor(1978)는 팀 활동분위기에서 교사는 개인적으로 성장할 수 있다고 주장했다. 이런 팀 활동은 특정 지역을 중심으로 앞으로 교사들이 교육과정 자료 개발에 적극적으로 참여할 수 있도록 돕는다. 예비교사는 대학에서 교사 교육을 받는 동안 교육과정을 분석해 보고, 소규모의 교육과정을 개발해 보고, 교육과정 자료에 대한 다양한 관점들을 토의한다. 이렇게 함으로써 교사의 전문성 과련 포괄적인 협력 기술들을 발달시킬 수 있다. Abercrombie(1965)는 그룹 내의 상호작용을 통해서 교사의 교육과정 해석 능력을 개발할 수 있는 연수(교육)를 제안했다. Abercrombie는 소그룹 토의를 통해서 X-레이 사진을 분석하는 방식을 의과 대학 학생들에게 가르쳤다. "학생들은 자신이 본 것과 동료들이 본 것을 비교하면서 토의하는 전략들을 배웠다. 학생들은 결과뿐만 아니라 그런 결과에 도달한 과정도 서로 비교하였다"(Abercrombie 1965, p. 17). 그룹 토의라는 것이 새로운 교수 전략은 아니다; Abercrombie의 연구는 토의를 현상을 해석하는 기술을 향상시키는 전략으로 보았고, 보통사람은 한 가지 관점에서 밖에 해석하지 못한다는 것을 밝히면서 팀 작업은 이런 한계를 넘어 설 수 있는 전략이라고 주장 한다.

Abercrombie는 학생들에게 선택적으로, 해석적으로 인식하도록 했다. 또한 사람들이 외부 세계로부터 정보를 얻을 때 특정한 맥락, 전체적인 상황, 자신의 이전 경험을 어떻게 사용하는지를 보여주었다. 그녀는 인간관계가 그 사람의 지각력과 해석력에 중요한 영향을 미친다고 했다. 그리고 토의를 하는 동안 학생은 각자 해석할 때 적용한 준거를 서로 평가하고 수정한다는 것을 알았다. 이런 식으로 개인의 경험을 조직함으로써 해석하는 능력을 발전시켜갔다.

예비교사들이 그룹 토의를 통해서 교육과정 자료를 분석하는 것은 바로 Abercrombie가 언급한 것과 같은 것이다. 학생은 자료를 인식하는 자신만의 방법을 먼저 이해해야 하며, 나아가서 다른 사람과 상호작용하면서 다른 사람이 사용하는 방식을 이해한다. 그리고 점점 더 구체적이고 타당한 해석을 할 수 있게 된다. 집단적으로 교육과정을 분석하고 해석해야 하는 또 다른 이유는 이런 경험을 통해서 예비교사는 협력해서 수업을 계획하는 태도를 형성할 수 있기 때문이다.

그룹에서 건설적이고 생산적인 상호작용을 하려면 서로 협력할 줄 아는 기술을 습득해야 한다. Reid(1988)도 단위학교에서 교사들이 교육과정 문제를 심사숙고해서 해결하기 위해서는 이런 협력 기술이 필요하다는 것을 밝혔다. 교사 교육과정에서는 예비교사에게 이런 기술을 가르쳐야 한다. 또 어떤 기술을 가르쳐야 하는가? Reid는 교사가 수많은 목표를 다루기 위해 다양한 방법과 절차로 접근해야 한다고 언급한다: 그룹 만들기와 준비하기, 그룹에서 개인적인 관계를 관리하는 기술, 구성원에게 정보를 제공하는 기술, 그룹에서 역할을 분담하는 기술들이다. 교사 교육을 받는 동안 예비교사는 개발한 교육과정을 계속해서 조정하고, 실행하고, 성찰해보아야 한다. 이런 환경에서 교육과정을 심사숙고해 봄으로써 교육과정 관련 문제를 통찰할 수 있고, 문제를 해결할 수 있다. 교과내용이나 교수방법에 대한 집단 숙의 연구들이 지적하는 가장 중요한 점은 교사가 교육과정 자료를 학생의 흥미와 능력에 맞추는데 필요한 지식과 기술을 습득하는 *학습자the role of teachers as learners로서*

존재해야 한다는 것이다. 교육과정 가능성이라는 용어는 학습을 계속한다는 의미를 내포하고 있다.

매번 교사는 자신이 사용하는 교육과정 자료를 재해석하고, 거기서 새로운 시각이나 의도하지 않았던 가능성을 발견한다. 교사는 동료들과 아이디어나 경험을 나눔으로써 교육과정을 더 배운다. 이 장에서 제시한 그룹 활동을 통해서 교사는 교육학적 내용지식을 서로 공유할 것이고, 각자의 지식을 확장해 갈 것이다.

> **생각해보기**
>
> 당신이 근무하는 학교에서 이 장에서 설명한 것과 같은 집단 활동을 한다면 당신도 이런 전문성을 개발할 수 있다.

예비교사가 교육과정 문해력curriculum literacy를 확보하고, 교육과정 자료를 융통성 있게 사용하는데 필요한 몇 가지 교사 교육 활동을 살펴보았다. 다른 한편으로 현직 교사를 교육 대상으로 할 때는 어떤 활동을 해야 할까?

2. 팀 만들기

예비교사가 처음부터 교육과정 자료의 의미를 인식하기는 어렵다. 예비교사는 실제 교실 경험이 부족하기 때문이다. 그들은 경력교사가 갖고 있는 '지혜'wisdom of practice를 공유할 필요가 있다. 따라서 교육과정을 해석하거나 개발할 때 초보교사와 경력교사가 서로 상호작용 할 수 있도록 교사 조직을 혼합 조직할 수 있다. 예비교사나 초보교사는 그들이 겪는 교육과정 문제나 이슈를 어떻게 다루어야 할지 베테랑 교사에게 물어 볼 수 있다. 또 능숙한 실행가가 가진 교육과정에 대한 지혜를 빌리면 예비교사나 초보교사는 교육내용을 다루는 범위나 깊이를 판단해야 하는 문제들을 처리할 수 있다.

교사 교육에서 교육과정 이슈를 다루어야 한다. 실습을 해 볼 수 있도록 한다면 교사들이 여러 가지 경험을 할 수 있을 것이다. 초임기 교사 연수는 교육과정 문해력을 확보할 수 있는 적절한 시기이다.

현직 교사를 중심으로 교육과정 문해력을 향상시키는 모임을 만들 수 있다. Goodlad(1984)는 단위학교를 중심으로 교육과정을 연구하고 개발하는 모임을 만들 것을 권고했다.

이 모임을 통해서 교사에게 필요한 실질적인 지식을 구축하고, 특정 연령대의 학생이나 특별한 도움이 필요한 학생의 요구에 맞는 교육과정 자료를 교사들이 스스로 개발할 수 있노록 도와 줄 수 있다. 그리고 이 기구는 예비교사와 현직교사가 함께 참여하는 합동체가 적절하다. 이 기구에 참여해서 활동하는 교사는 교육과정 자료를 새롭게 개발하거나 기존의 자료를 다시 본다. 이렇게 해서 자료를 자신의 교실에서 사용할 수 있다. 더불어 교육과정 자료 개발에 필요한 실질적인 사항들을 피드백 받을 수 있다.

3. 결론

교사 교육 및 연수는 교사의 교육과정 실행을 성찰하게 하고, 전문성을 개발할 기회를 제공한다. 교사는 수업을 하는 한 늘 가르치면서 배운다. 교사는 교육과정 자료를 주의 깊게 해석하면서 가능성을 찾고, 자료를 사용면서 그 가능성을 발휘한다. 이것은 교육과정이라는 텍스트의 독재로부터 교사를 자유롭게 해방시키는 것이다. 학교 중심 교육과정 개발은 이런 배경에서 등장했다. 학교 중심 교육과정 개발은 단위학교에서 단위학교 교사들이 학생에게 가장 적절한 교육과정을 개발하자는 것이다. 또 학교 중심 교육과정 개발은 교사가 자신의 교실에 사용할 텍스트나, 활동지 등 필요한 교육과정 자료들을 직접 개발한다는 의미다. 어떤 자료든 목적, 내용, 원천, 구체적인 학습 전략을 제시한다. 따라서 학교 중심 교육과정 개발은 교사로 하여금 교육과정 개발에 대한 더 많은 책임을 느끼게 한다. Reid는 "학교나 교사는 매일 이런 의사결정을 해야 하기 때문에 모종의 의사를 결정할 수 있는 능력을 갖추어야 한다"고 주장한다(Reid 1988, p. 110). Reid(1988)는 교육과정에 대한 숙의란 바로 "수행을 통해서 배우는 것 자체이다"(p. 112). 교사들이 함께 교육과정을 해석하고 계획할 때, 교사는 이런 수행을 통해서 학습한다.

Loewenberg-Ball과 Feiman-Nemser(1988)는 막 교직을 시작한 초임교사는 주어진 교육과정 자료로 수업을 "스캐폴딩"(Vigotsky 1978) 하는 것을 배운다고 했다.

수업을 스캐폴딩 하는 일은 수업을 수행하는 절차를 만드는 것이다. 예비교사는 경력교사와 함께 활동하면서 자료를 지혜롭고 자율적으로 사용할 줄 아는 전문성을 키워갈 것이다.

교육과정의 어원, 교육과정 자료의 개념, 교육과정 자료 개발의 절차에 대한 이론이나 지식은 교사에게 수업의 전문성을 확장시켜 주고, 나아가서 "전문적인 지식 체계"를 갖도록 한다(Lortie 1975,

p. 80). 또 개인의 경험에 기초해서 교육과정을 해석하고 수업을 계획해 본 교사는 실제로 좀 더 자신 있게 교육과정 자료를 사용할 줄 알게 될 것이다. 교사가 이런 능력을 발휘하려면 물론 교과를 숙지해야 한다.

이 책 전반에서 우리는 교육과정에 대해 교사의 관심을 탐구했다. 대체로 교사는 다음과 같은 관심을 가지고 있다:

1. 자료가 담고 있는 교과의 내용
2. 다양한 학생에게 자료를 사용할 수 있는지 여부
3. 학생이 학습해야 하는 학습의 범위 VS 깊이
4. 교육과정 자료를 사용하고 개발하는데 필요한 지식
5. 교육과정을 결정할 자율권

우리가 주장하는 것은 교사는 교육과정에 관심을 갖고, 교육과정 문해력을 키워야 한다는 것이다.

교사는 교육과정을 주의 깊게 분석해 봄으로써 자신의 교육과정에 대해 어떤 관심을 갖고 있는지를 깨달아야 하고, 나아가서 학생에게 맞춰서 그것을 사용할 수 있어야 한다. 교육과정을 분석함으로써 교사는 내용의 타당성 및 내용과 학생의 관련성을 통찰할 수 있다. 또 내재적 기준을 사용하여 분석해 봄으로써 교육과정의 의도, 범위를 파악할 수 있다.

주어진 교육과정을 파악해야 교과교육과정을 대상으로 중핵 교육과정core curriculum도 만들 수 있다. 어떤 학습 경험을 추가할지를 자유롭게 계획할 수 있다. 교사가 교육과정 문서를 정확하게 이해할 때, 교육과정 자료들을 적절하게 선택할 수 있고, 필요하다면 저절하게 바꿀 수도 있다.

이 책에서 제시한 도구나 기준을 사용해서 교육과정을 해석해 본다면, 교사는 교육과정 자료에 관한 지식을 발달시킬 수 있을 것이다. 교사가 교육과정 문서의 독재로부터 해방되어서 교육과정에 대한 진정한 주인이 되는 것, 이것이 이런 노력을 하는 궁극적인 이유다.

더 읽을 자료

Lee Shulman's article (1987): Knowledge and teaching: foundations of the new reform. *Harvard Educational Review 57*(1). 1-22는 수업의 기초가 되는 지식을 종합적으로 생각해 보도록 한다; 이 논문은 교사가 수업을 위해서 자료를 수정할 수 있다는 점을 강조한다.

Teachers' Professional Learning, edited by J. Calderhead (1988), London, Falmer Press는 교사의 전문성 개발을 다양한 측면에서 다루고 있다. 특히 이 책에서 취하고 있는 아이디어를 참고하려면 다음의 자료들을 더 찾아 볼 수 있다.

Russell, T., "From pre-service teacher education to first year of teaching: A theory of theory and practice" (pp.13-34)

McIntyre, D., "Designing a teacher education curriculum from research and theory on teacher knowledge" (pp.97-114)

Johnston, K., "Changing teachers' conceptions of teaching and learning" (pp. 169-195)

Rudduck, J., "The ownership of change as a basis for teachers' professional learning (pp. 204-222)

John Haysom(1985)의 책, *Inquiring into the Teaching Process: Towards Self-evaluation and Professional Development,* Toronto, OISE Press는 교사의 관점에서 수업과 수업에 대한 교사의 전문성 개발을 다양한 측면에서 다루고 있다.

교육과정 자료 분석 매트릭스

부록

The Teacher-Curriculum Encounter freeing teachers from the tyranny of texts

교육과정 자료 분석 매트릭스

Notes

교육과정 자료 분석 매트릭스

<표 3> 문항 구성표

구분		문항배열	총
교과	정보, 개념, 원리	1, 2, 3	12
	과학적 접근	4, 5	
	일상생활과 관계	6, 7	
	학자 이미지	8, 9, 10	
	타교과와의 통합	11, 12	
학습자	학습자에게 기대하는 것	13, 14	9
	학습을 발달시킬 기회	15, 16, 17	
	수업에서 의도하는 것	18, 19	
	학습 스타일	20, 21	
환경	사회와 교과의 상호작용	22, 23	4
	사회와 교육과정의 상호작용	24, 25	
교사	개발자와 교사의 소통	26, 27, 28, 29	15
	교사 자율성	30, 31, 32, 33, 34	
	수업 중 교사의 역할	35, 36	
	교사의 요구	37, 38, 39, 40	
			40

이 자료는 ;

전 약 매
혀 간 우

1 정보가 구체적이다
2 개념을 강조한다
3 일반적인 원리를 강조 한다
4 일반적인 탐구 양식을 갖추고 있다
5 문제 해결을 위한 방법이 구체적이다
6 교과 지식의 개인적인 의미를 진술하고 있다
7 교과 지식의 사회적 의미를 진술하고 있다
8 학자의 이름은 익명으로 한다
9 학자의 이름은 실명으로 한다
10 학자 개인에 대한 설명이 있다
11 이해를 돕는데 필요한 다양한 교과의 사전 지식을 제공 한다
12 특정 교과 지식을 다른 교과 지식으로 전이하고 있다
13 학습자는 발견 학습에 적극적으로 참여 한다
14 학습자가 교과서에서 제시한 지식을 습득할 것이라고 기대 한다
15 지적 발달의 기회를 제공 한다
16 정의적 특성을 발달시킬 기회를 제공 한다
17 심동 영역을 발달시킬 기회를 제공 한다
18 학습자의 요구와 흥미를 고려 한다
19 학습자는 자신의 흥미와 요구를 집단에서 공유할 줄 아는 일원이다
20 학습자이 구조적 혹은 비구조적인 다양한 학습 환경에서 학습 한다
21 학습은 고도로 구조화되어야 한다
22 사회가 교과 발달에 미치는 영향을 명확히 진술하고 있다
23 교과가 사회 발달에 미치는 영향을 명확히 진술하고 있다
24 사회의 요구를 반영하고 있다
25 이데올로기를 반영하고 있다
26 개발자의 의도를 진술하고 있다
27 개발자가 학생을 다루는 방식을 다루고 있다
28 개발자가 교육과정 실행 환경을 어떻게 보는지에 대해 진술하고 있다
29 교육과정 실행 중 교사의 역할에 대해 진술하고 있다
30 목표가 구체적이다

31 교수 전략이 구체적이다
32 보조 자료가 있다
33 교사에게 대안을 제시 한다
34 교사가 단원을 개발하도록 권고 한다
35 교사를 교과 지식 원천으로 규정 한다
36 교사는 학생의 자기주도적 학습을 지원 한다
37 이 자료를 사용하기 위해서는 연수가 필요하다
38 자료를 사용하기 힘들다
39 교사-학생, 교사-부모, 학생-학생 등의 관계를 진술하고 있다
40 교사의 의견과 생각, 태도를 고려하고 있다

Notes

1. 이 책에서는 몇 개의 교과를 다루기는 하였지만, 전반적으로 생물 교육과정과 생물 교사 사례이다. 특히 저자로서 내가 과학교육, 그 중에서도 생물교육에 대한 이해가 있었기 때문에 생물교육을 대상으로 하여 주로 연구하였다. 무엇보다도 생물교육에서 교육과정 혁신운동이나 연구들이 나오고 있기 때문이다. 그러나 이 책의 개념적 틀과 분석 도구는 모든 교과에 사용 가능하다.
2. 여기서 *내용 중심*은 교과, 정보, 개념, 원리를 강조한다. 내용 중심 교육과정의 주요 목적은 지식의 습득이다. *과정 중심*은 인지적 혹은 대인간 능력 및 기능 습득을 강조한다. 과정 중심 교육과정의 주요 목적은 이러한 능력, 행위능력을 습득하는 것이다.
3. 학교 중심 교육과정 개발은 가르쳐야할 구체적인 내용, 결정한 주제를 조직하고, 제시하는 방법, 텍스트를 포함하여 학교에서 이용할 수 있는 적절한 자료의 선택 등을 결정하는 학교의 자율성이다. 이와 관련하여 M. Skillbeck(1987): "School-based curriculum development and central curriculum policies in England and Wales: A paradox in three acts," In N. Sabar, J. Rudduck, and W. Reid(eds.), *Partnership and Autonomy In School-based Curriculum Development*, USDE Papers in Education, University of Sheffield, pp. 16-27.를 보라.

4. 교육과정 개발 분야에서 1960년대와 1970년대의 이슈는 "지식의 구조", "학문의 구조"였다. 특히 미국을 중심으로 몇 년 동안 교육과정 자료를 통해서 교육을 개혁하고 개선하겠고 대대적으로 노력해 왔다. 이는 수학과 역사 등과 같은 다양한 교과 교육과정이 핵심 개념, 원리, 그 학문이 추구하는 탐구 방식을 반영해 왔다는 의미다. "지식의 구조"는 Bruner(1961)가 그의 책 '*The Process of Education*, Cambridge, Mass., Harvard University Press.에서 주장하였다. Schwab(1964)은 학교교육에서의 교과의 특성에 대해 상세히 논의하였으며, 그의 글인, "Problems, topics, and issues," kn S. Elam, ed., *Education and the Structure of Knowledge,* Chicago, Rand McNally, pp.4-47.에서 학문의 실재적 구조와 통사적 구조를 구분하였다.
5. 유대인 학살을 가르치는 프로그램 연구는 다양하다. 현재 이스라엘에서 가장 많이 사용하고 있는 두 교재가 있는데, 이 사료는 실제로 두 가지 측면을 제시하고 있다. 하나는 I. Gutman and C. Schatzker(1983): *The Holocuast and Its Significancc,* Jerusalem, Zalman Shazar Centre의 관점으로 유대인 학살을 이끈 역사를 다루는데 인지적으로 접근한다. 다른 하나는 A. Carmon(1981), *Holocaust*, Jerusalem, Ministry of Education and Culture, Centre for Curriculum Development로 가치를 다룬다는 점에서 정의적인 접근을 한다.
6. 여기서 "변인"은 교사 교육자와 교사를 지원하는 기구이다.
7. 교육과정 가능성이라는 용어는 Schwab(1973)이 사용하였으며, 그는 교육과정 개발자가 학문자료를 교육과정 자료의 원

천으로 사용할 때 나타나는 다양한 방식들을 교육과정 가능성이라고 불렀다. 즉 Schwab은 학문자료가 교육과정 자료로 "변환"할 때 교육과정 가능성이라는 용어를 사용하였다. 이 책에서 사용한 교육과정 가능성이라는 용어는 교사가 교육과정 자료를 다양한 방식으로 변환하는 것을 설명하는데 사용하였다. 자료는 새로운 2차적 수준의 해석으로 받아들일 수 있다 (Ben-Peretz, M. (1975): "The conceps of curriculum potential," Curriculum Theory Network 5,2:151-159).

8. 몇 명의 학자들이 '잠재적 교육과정'에 대해 논의하였다. Jane Martin(1976)은 잠재적 교육과정의 개념에 대해 정의하였고, 잠재적 교육과정처럼 드러나지 않는 것들을 다루는 다양한 방법을 설명하였다. Martin은 잠재적 교육과정을 인식해야 하는 이유는 그것이 부정적으로 미치는 영향을 극복해야 하기 때문이라고 하였다. Gordon(1988)은 잠재적 교육과정을 보다 발달시켰다. Ricoeur와 Geertz(Ricoeur 1974, 1981, Geertz, 1973)의 글을 통해 그는 텍스트로서의 교육에 대해 설명하였다. Gordon은 학생뿐만 아니라 공동체의 구성원들이 모두 읽는 텍스트로서의 교육은 사회적 신화이며, 신념이라고 했다.
9. 교수내용지식이란 내용과 교수학이 혼합된 개념으로, Shulman(1987)이 언급한 용어다. Shulman은 교사 지식의 범주를 다음과 같이 구분하였다: 내용 지식, 일반적인 교수학 지식, 교육과정 지식, 교수내용지식, 학습자 지식, 교육 맥락 지식, 교육 목표 지식. Shulman에 의하면, "교수내용지식이란 교사가 이해하는 것과 내용 전문가가 이해하는 것을 구분하는 개념이다"

10. 주관/객관의 구분은 철학에서 주로 다뤄왔다. Buchman (1989)에 의하면, 객관성은 "세계를 종합적으로 과학적으로 이해하고자 하는 이상"이다. 그녀는 "이런 이상이 가진 매력을 특정한 인식에서 나오는 것이 아니라, 우리를 탈중심화하여 진실과 정의로 이끈다"고 주장하였다. Buchman은 Francis Bacon의 말인 "인간에게 가장 취약한 것은 바로 자신이다"를 인용하며, "이런 관점에서 보면, 주관은 일그러짐의 원천이며, 떨쳐 버려야 할 것이다"고 하였다. Erickson (1986)은 "성질의 일관성에 대한 가정, 개인 독립체 간의 일상적인 관계에 대한 기계적, 화학적, 생물학적 은유의 가정은 실증주의자들의 사회과학, 행동과학인 자연 과학의 영향을 받은 것"이라고 진술하였다. Erickson은 해석적 관점이야말로 인간이 자신을 둘러싼 세계에 대해 의미 있는 해석을 만들어낸다고 단언한다. 해석적 접근은 다른 상황에 대한 주관적인 의미의 확인과 인간의 해석을 요구한다. 교육과정 자료에 대한 교사의 주관적인 해석은 개인적으로 부과한 의미이다. 그러나 객관적인 해석은 교사를 벗어나 있으며, 외부 원천으로부터 온 분석 범주에 집중한다.
11. Kelly의 개인 구성 이론은 다른 분야의 연구를 자극하였다. Interchange 13권 4호의 특별호는 교육에서 개인적인 구성을 주제로 하였다. Pope과 Keen(1981)은 Kelly의 이론으로 교육과정 설계와 수업에서 실행 문제를 다루었다. Ben-Peretz(1984)는 교사의 생각에 대해 조사하면서 Kelly 이론의 적절성을 분석하였다. Brown(1984)은 개인 구성이론이 학교 관리자가 전문성을 개발하는데 유용하다고

보았다. Hunt(1987)는 'Beginning with Ourselves'에서 수백 명의 교사를 대상으로 암시적인 교육 이론을 밝히는데 Kelly의 이론을 적용하였다.

12. Connelly와 Clandinin(1985)은 개인적 실천적 지식이라는 개념을 사용하였다. 그들은 개인적 실천적 지식은 "삶의 교육적인 상황을 알아가는 도덕적인 정의적, 심미적 방식"이라고 하였다. 그들은 가르치는 상황에서 나오는 "실천적인 언어"를 개발하였다. 이 용어의 핵심은 규칙, 실천적 원리, Elbaz(1983)가 제안한 이미지이다. 또 다른 주요 개념은 리듬, 메타포, 개인적 철학, 내러티브이다. 이런 개념들은 Connelly와 Clandinin이 실천적인 언어를 찾기 위해서 쓴 책, "Your Personal Practical Knowledge"(1988, pp. 59-78)에 나오는 것들이다. 이미지에 대한 분석은 Jean Clandinin의 책 'Classroom Practice: Teacher Images in Action(1986)'을 보라. 개인적 실천적 지식은 교육이 일어나는 상황에 대한 수많은 경험 연구를 통해서 만들어진 개념이다.

13. 교육과정 분석의 틀은 여러 체계, 여러 범주로 개발된다. 예를 들어, Eash(1971-1972)는 타일러 모형을 기반으로 하여 분석 틀을 만들었다. 이 분석틀은 목표, 자료 조직, 방법, 평가체제로 구성하였다. Eash의 분석틀은 교육과정 자료를 판단하는 기준을 제공한다. 분석가는 모든 범주에서 매우 높은 점수에서 낮은 점수까지 자료를 등급화할 수 있다. 반면, Eraut 등(1975)은 분석 기준을 결정하지 않았다. 그들의 체계는 자료에 대한 다양한 관점을 제시하고, 분석을 통해 얻은 통찰력에 기반하여 분석가의 가치로 평가할 수 있도록

한다. Roberts와 Russell(1975)은 이론적 관점을 분석 체계로 변환하였다. 그들의 생각은 교육과정 자료를 포함하여 교육 현상을 이론적 체계로 분석해야 한다는 것이다.

14. 예비교사와 교사 모두 교육과정 자료를 유연하게 해석하기 어려워한다고 한다. 예비교사는 텍스트 내에 잠재되어 있는 교육과정 가능성을 발휘 하는데 필요한 교실 경험이 부족하다. 또 교사는 교육과정 텍스트 사용 형태가 굳어져 있어 변화하기 싫어한다. 교사는 그룹으로 교육과정을 다양하게 해석하는 활동에 참여함으로써 교육과정 자료를 사용하는 새로운 방법을 모색할 수 있다. 이런 활동은 그룹 안에서의 반성뿐만 아니라 개인적인 반성도 중요하다.

참고문헌

Abercrombie, M. L. J. (1965): *The Anatomy of Judgement: An Investigation into the Processes of Perception and Reasoning,* London, Hutchinson.

Adams-Webber, S. R. (1979): Personal Construct Theory, Concepts and Applications, New York, John Wiley and Sons.

Adar, L., and Fox, S. (1978): *Analysis of the Content and Use of a History Curriculum, jerusalem,* School of Education, Hebrew University.

Ariav, T. (1989): "Curriculum analysis," in T. Husen and T. N. Postlewaith (eds.), *The International Encyclopedia of Education,* Supplementary Volumes, Oxford, Pergamon.

Atkins, J. M. (1970): "Behavioral objectives in curriculum design: A cautionary note," in J. R. Martin (ed.), *Readings in the Philosophy of Education*: A Study of Curriculum, Boston, Allyn and Bacon, pp. 32-38.

Bannister, D. (1970): *Perspectives in Personal Construct Theory,* Bexley, Kent.

Barnes, D. (1976): *From Communication to Curriculum,* London, Penguin.

Ben-Peretz, M. (1975): "The concept of curriculum potential," *Curriculum Theory Network* 5, 2: 151-159.

(1977): "Analysis and comparison of some high school biology curricula in Israel: Theoretical and practical considerations in the process of curriculum development," doctoral thesis, Hebrew University, Jerusalem.

(1980a): "Teachers' role in curriculum development: An alternative approach," *Canadian Journal of Education* 5, 2: 52-62.

(1980b): "Matriculation examinations and the school curriculum," *Studies in Education* 25: 37-46.

(1981): "Curriculum analysis as a tool in evaluation," in A. Lewy and D. Nevo (eds.), *Evaluation Roles in Education,* New York, Gordon and Breach.

(1984): "Kelly;s theory of personal constructs as a paradigm for investigating teacher thinking," in R. Halkes and I. K. Olson (eds.), *Teacher Thinking,* Lisse, Swets and Zeitlinger, pp. 103-111.

Ben-Peretz, M., Carre, C., and Sutton, C. (1977): "The development of teachers' competencies in generating curriculum potential," *Studies in Education* 17:89-100

Ben-Peretz, M., Katz, S., and Silverstein, M. (1982): "Curriculum interpretation and its place in teacher education programs," *Interchange* 13, 4:47-55.

Ben-Peretz, M., and Kremer, L. (1979): "Curriculum implementation and the nature of curriculum materials," *Journal of Curriculum Studies* 11, 3:247-255.

Ben-Peretz, M., and Lifmann, M. (1978): "Procedures and instruments for curriculum interpretation." Jerusalem, Ministry of Education and Culture.

Ben-Peretz, M., and Silverstein, M. (1982): "A curriculum development case study in biology: Two levels of interpretation," *European Journal of Science Education* 4,4: 377-389.

Ben-Peretz, M., and Tamir, P. (1981): "What teachers want to know about curriculum materials," Journal of Curriculum Studies 13, 1:45-54.

Berman, P., and McLaughlin, M. W. (1977): Federal Programs Supporting Educational Change, Vol. Ⅶ: *Factors Affecting Implementation and Continuation,* prepared for the U. S. Office of Education Department of Heath, Education and Welfare, P1578/7-HEW, Rand Corporation, Santa Monica, Calif.

Bloch, A. (1985): *Murphy's Law Book Two*, London, Methuen.

Bloom, B. S. (ed.) (1956): *Taxonomy of Educational Objectives*, Handbook Ⅰ: Cognitive Domain, New York, David McKay.

Borko, H., Livingston, C., McCalleb, J., and Mauro, L. (1988): "Student-teachers planning and post-lesson reflection," in J. Calderhead (ed.), *Teachers Professional Learning,* London, New York, Philadelphia, Falmer Press.

Bridgham, K. E. (1971): "Comments on some thoughts on science curriculum development," in E. W. Eisner (ed.), *Confronting Curriculum Reform,* Boston, Little Brown.

Brown, A. F. (1984): "How to change what teachers think about teachers: Affirmative action in promotion decisions" in R. Halkes and T. K. Olson (eds.), *Teacher Thinking: A New Perspective on Persisting Problems in Education* Lisse, Swets and Zeitlinger.

Brown, A. F., and Ritchie, T. J. (1982): Issue theme: "Personal Constructs," *Interchange* 13, 4.

Bruner, J. (1961): *The Process of Education,* Cambridge, Mass., Harvard University Press.

Buchman, M. (1989): "The careful vision: How practical is contemplation in teaching?" Issue Paper 89-1, East Lansing, Michigan State University, National Center for Research on

Teacher Education.

Bussis, A. M., Chittenden, E. A., and Amarel, M. (1976): *Beyond Surface Curriculum,* Boulder, Col., Westview Press.

Butt, R., Raymond, M. D., and Ray, J. (1986): "Personal, practical and prescriptive influences on teacher's thoughts and actions," paper presented at the 1986 conference of the International Study Association on Teacher Thinking(ISATT), Leuven, Belgium, October 14-17.

Carmon, A. (1981): *Holocaust,* Jerusalem, Ministry of Education and Culture, Centre for Curriculum Development.

Clandinin, D. J. (1986). *Classroom Practice: Teacher Images in Action,* Barcombe Lewes, Falmer Press.

Clark, C. M., and Yinger, R. J. (1977): "Research on teacher thinking," *Curriculum Inquiry* 7, 2: 279-304.

(1979): "Three studies of teacher planning," Research series No. 55, East Lansing, Michigan State University.

Connelly, F. M. (1972): "The functions of curriculum development," *Interchange* 2,3: 161-177.

Connelly, F. M., Ben-Peretz, M. (1980): "Teachers' roles in the using and doing of research and curriculum development," *Journal of Curriculum Studies* 12, 2: 95-107.

Connelly, F. M., Ben-Peretz, M., and Enns, R. J. (1978): "Assessing the compatability of curriculum policy and school programs with external testing," *The crucible* 9, 6: 4-10.

Connelly, F. M., and Clandinin, D. J. (1985): "Personal practical knowledge and the modes of knowing: Relevance for teaching and learning," in *Learning and Teaching: The Ways of Knowing,* NSSE Yearbook, 84/2, University of Chicago Press, pp. 174-98.

(1988): *Teachers as Curriculum Planners: Narratives of*

Experience, New York, Teachers College Press, and Toronto, OISE Press.

Connelly, F. M., and Elbaz, F. (1980): "Conceptual bases for curriculum thought; A teacher's perspective," in A. W. Foshay (ed.), *Considered Action for Curriculum Improvement,* Washington, D. C., Association for Supervision and Curriculum Development, pp. 95-119.

Dickson, P. (1978): *The Official Rules,* New York, Dela Corte Press.

Eash, M. H. (1971-1972): "Developing an instrument for assessing instructional materials," *Curriculum Theory Network* 8, 9: 59-69.

Eisner, E. W. (1979): *The Educational Imagination: On the Design and Evaluation of School Programs,* New York, Macmillan.

Elbaz, F. (1983): *Teacher Thinking: A study of Practical Knowledge,* London, Croom Helm.

Eraut, M., Goad, L., and Smith, G. (1975): "The analysis of curriculum materials," Educational Area, Occasional papers 2, Brighton, University of Sussex.

Erickson, F. (1986): "Qualitative methods in research on teaching," in M. C. Wittrock (ed.), *Handbook for Research on Teaching,* 3rd Edition, New York, Macmillan.

Flesh, R. F. (1951): *How to Test Readability,* New York, Harper and Row.

Flinders, D. J., Noddings, N., and Thornton, S. T. (1986): "The null curriculum: Its theoretical basis and practical implications," *Curriculum Inquiry* 16, 1: 33-42.

Fox S. (1972): "A practical image of the 'practical'," *Curriculum Theory Network* 10: 45-57.

Fullan, M. (1982): *The Meaning of Educational Change,* Toronto, OISE Press.

Fullan, M., and Pomfret, A. (1977): "Research on curriculum and instruction implementation." *Review of Educational Research* 47, 1: 335-397.

Geertz, C. (1973): *The Interpretation of Cultures,* New York, Basic Books.

Goodlad, J. (1984): *A Place Called School,* New York, St. Louis, San Francisco, McGraw-Hill.

Gordon, D. (1982): "The concept of the hidden curriculum." *Journal of Philosophy of Education* 16, 2: 187-198.

(1984): "The image of scinece, technological consciousness and hidden curriculum." *Curriculum Inquiry* 14, 4: 367-400.

(1988): "Education as text: The varieties of educational hiddenness," *Curriculum Inquiry* 18, 4: 425-449.

Gudmunsdottir, S. (1988): "Curriculum stories: Four case studies of social studies teaching," paper presented at the biannual meeting of the International Study Association of Teacher Thinking(ISATT), Nottingham, Septenber.

Gudmunsdottir, S., and Suhlman, L. S. (1986): "Pedagogical content knowledge in social studies." Paper presented at the third conference on teacher thinking and professional action, ISATT meeting, Leuven; proceedings of the conference, Leuven University, Belgium.

Gutman, I., and Schatzker, C. (1983): *The Holocaust and Its Significance,* Jerusalem, Zalman Shazar Centre.

Halkes, R., and Olson, J. K. (eds.) (1984): *Teacher Thinking: A New Perspective on Persisting Problems in Education,* Lisse, Sweets and Zeitlinger.

Hamilton, D. (1975): "Handling innovations in the classroom. Two Schttish examples," in W. A. Reid and D. F. Walker (eds.), *Case Studies in Curriculum Change,* London and Boston,

Routledge and Kegan Paul, pp. 179-207.

Haysom, J. (1985): *Inquiring into the Teaching Process: Toward Self-evaluation and Professional Development,* Research in Education Series 12, Toronto, OISE Press.

Hunt, D. E. (1971): "Matching models in education: The coordination of teaching methods with student characteristics," Toronto, Ontario Institute for Studies in Education.

(1974): "Learning styles and teaching strategies," *Behavioral and Social Science Teacher* 2, 1: 22-34.

(1987): *Beginning with Ourselves: In Practice, Theory and Human Affairs,* Cambridge, Mass., Brookline Books, and Toronto, OISE Press.

Jackson, P. W. (1968): *Life in Classrooms,* New York, Holt, Rinehart and Winston.

(1986): *The Practice of Teaching,* New York and London, Teachers College Press.

Johnson, M. J. (1967): "Definition and models in curriculum theory," *Educational Theory* 17, 2: 127-140.

Johnston, K. (1988): "Changing teachers' conception of teaching and learning." in J. Calderhead (ed.), *Teachers' Professional Learning,* London, Falmer Press, pp. 169-185.

Kelly, G. A. (1955): *The Psychology of Personal Constructs,* New York, Norton.

Kennedy, K. J., and McDonald, G. (1986): "Designing curriculum materials for multicultural education. Lessons from an Australian Development Project," *Curriculum Inquiry* 16, 3: 311-326.

Kilbourn, B. (1974): "Identifying world views projected by science teaching materials. A case study using Pepper's world views hypothesis to analyze a biology textbook," doctoral thesis, University of Toronto.

Leithwood, K. A. (1976): *A Decision-oriented Strategy for Curriculum Implementation,* Toronto, The Ontario Institute for Studies in Education.

Leithwood, K., and MacDonald, R. (1981): "Decisions given by teachers for their curriculum choices," *Canadian Journal of Education* 6, 2: 103-116.

Loewenberg-Ball, D., and Feiman-Nemser, S. (1988): "Using textbooks and teachers' guides: A dilemma for beginning teachers and teacher educators." *Curriculum Inquiry* 18, 4: 401-423.

Lortie, D. C. (1975): *Schoolteacher: A Sociological Study,* Chicago, University of Chicago Press.

McCutcheon, G. (1980): "How do elementary school teachers plan? The nature of planning and influences on it," *The Elementary School Journal* 81, 1: 4-23.

MacDonald, R. A., and Leithwood, K. A. (1982): "Toward an explanation of influences on teachers' curriculum decisions," in K. A. Leithwood (ed.), *Studies in Curriculum Decision Making,* Symposium Series 13, Toronto, OISE Press.

McIntyre, D. (1988): "Designing a teacher education curriculum from research and theory on teacher education," in J. Calderhead (ed.), *Teachers' Professional Learning,* London, Falmer Press, pp. 97-114.

McLaughlin, M., and Marsh, D. (1978): "Staff development and school change," *Teachers College Record* 80, 1: 69-94.

Martin, J. R. (1976): "What should we do with a hidden curriculum when we find one?" *Curriculum Inquiry* 6, 2: 135-151.

Meyer, H. L. (1972): "Das ungeloeste Deduktions problem in der

Curriculumforschung," in H. L. Meyer (ed.), *Curriculum Revision-Moeglichzeiten und Grenzen,* Munich, Kosel Verlag.

Oliver, A. J. (1977): *Curriculum Improvement,* New York, Harper and Row.

Pepper, S. C. (1942): *World Hypothesis: A Study in Evidence,* Berkeley, University of California Press.

Peters, R. S. (1967): "What is an educational process?" in R. S. Peters (ed.), *The Concept of Education,* London, Routledge and Kegan Paul.

Peterson, P. L., Marx, R. W., and Clark, C. M. (1978): "Teacher planning, teacher behavior and student achievement," *American Educational Resesarch Journal* 15: 416-432.

Pope, M. L., and Keen, T. R. (1981): *Personal Construct Psychology and Education,* London, Academic Press.

Popham, J. W. (1975): "Validated instructional materials as the focus of effective curriculum strategy," in J. Schaffarzick and D. H. Hampson (eds.), *Starategies for Curriculum Development,* Berkeley, Claif., McCutcheon.

Popkewitz, T. S. (1984): *Paradigm and Ideology in Educational Research,* London, Falmer Press.

Reid, W. (1988): "Where is the habit of deliberation? in N. Sabar, J. Rudduck, and W. Reid (eds.), *Partnership and Autonomy in School-based Curriculum Development,* USDE Papers in Education, university of Sheffield.

Reid, W. A., and Walker, D. F. (eds.) (1975): *Case Studies on Curriculum Change,* London, Routledge and Kegan Paul.

Reynolds, A., Hayrose, J., Ringstuff, C., and Grossman, P. (1988): "Teachers and curriculum materials: Who is driving whom?" *Curriculum Perspectives* 8, 1: 22-29.

Ricoeur, P. (1974): *The Conflict of Interpretations,* Evanston, Ⅲ., Northwestern University Press.

(1981): *Hermeneutics and the Human Sciences,* Cambridge, Cambridge University Press.

Roberts, D. A., and Russell, T. L. (1975): "An alternative approach to science education research: Drawing from philosophical analysis to examine prectice," *Curriculum Theory Network* 5, 2: 107-125.

Robinsohn, S. B. (1969): "A conceptual structure of curriculum development." *Comparative Education* 5, 3: 221-234.

Rudduck, D. (1987): "Can school-based curriculum development be other than conservative?" in N. Sabar, J. Rudduck, and W. Reid (eds.), *Partnership and Autonomy in School-based Curriculum Development,* USDE Papers in Education, University of Sheffield.

Rudduck, J. (1988): "The ownership of change as a basis for teachers' professional learning," in J. Calderhead (ed.), *Teachers' Professional Learning,* London, Falmer Press, pp. 205-222.

Russell, T. (1988): "From pre-service teacher education to first year of teaching: A study of theory and practice," in J. Calderhead (ed.), *Teachers' Professional Learning,* London, Falmer Press, pp. 13-34.

Sabar, N., Rudduck, J., and Reid, W. A. (eds.) (1987): *Partnership and Autonomy in School-based Curriculum Development,* USDE Papers in Education, University of Sheffield.

Sarason, S. (1982): *The Culture of School and the Problem of Change,* Boston, Allyn and Bacon, 1st edution 1971.

Schumacher, E. F. (1978): *A Guide for the Perplexed,* London, Cox and Wyman, pp. 9-23.

Schwab, J. J. (1964): "Problems, topics and issues," in S. Elam (ed.), *Education and the Structure of Knowledge,* Chicago, Rand McNally, pp. 4-47.

(1966): "The teaching of science as enquiry," in J. J. Schwab and P. F. Brandwein, *The Teaching of Science,* Cambridge, Mass., Harvard University Press, pp. 1-103.

(1969): "The practical: A language for curriculum," *School Review* 78, 1:1-23.

(1973): "The practical 3: Translation into curriculum," *School Review* 81: 501-522.

(1983): "The practical 4: Something for curriculum professors to do," *Curriculum Inquiry* 13, 3: 239-265.

Science Teachers' Association of Ontario (1985): "A rationale for quality science education in the schools of Ontario, Toronto," author.

Shipman, M. D., Bolam, D., and Jenkins, D. R. (1974): *Inside a Curriculum Project: A Case Study in the Process of Curriculum Change,* London, Methuen.

Shulman, L. S. (1986): "Those who understand: Knowledge growth in teaching," *Educational Research* 15, 3: 4-14.

Shulman, L. S. (1987): "Knowledge and teaching: Foundations of the new reform," *Harvard Educational Review* 57, 1:1-22.

Silberstein, M. (1982): "Curriculum development and interpretation as a subject in pre-service traning program in Israel," Israeli Curriculum Development Centre, Ministry of Education and Culture, Jerusalem.

Silberstein, M., and Ben-Peretz, M. (1983): "The use of syllabus analysis in teacher education programs," in P. Tamir, A. Hofstein, and M. Ben-Peretz (eds.), *Preservice and Inservice Training of Science Teachers,* Philadelphia,

Rehovot, Balaban International Science Services.

(1987): "The concept of teacher autonomy in curriculum materials: An operative interpretaiton," *Journal of Curriculum and Supervision* 3, 1: 29-44.

Skilbeck, M. (1984): *School-based Curriculum Development*, London, Harper and Row.

(1987): "School-based curriculum development and central curriculum policies in England and Wales: A paradox in three acts," in N. Sabar, J. Rudduck, and W. Reid (eds.), *Partnership and Autonomy in School-based Curriculum Development*, USDE Papers in Education, University of Scheffield, pp. 16-27.

Stenhouse, L. (1979): "Case study in comparative education: Particaularity and generalization," *Comparative Education* 15, 1: 5-10.

(ed.) (1980): *Curriculum Research and Development in Action*, London, Heineman.

Tamir, P., and Glassman, F. (1971): "A practical examination for BSCS students: A Progress report," *Journal of Research in Science Teaching* 8: 307-315.

Taylor, P. H. (1970): *How Teachers Plan Their Courses*, Slough, England, National Foundation for Educational Research.

Tilemma, H. H., and De Jong, R. (1986): "Teachers' task perception and professional competencies," paper presented at the 1986 conference of the International Study Association on Teacher Thinking(ISATT), Leuven, Tyler, R. W. (1949): Basic Principles of Curriculum and Instruction, Chicago, University of Chicago Press.

Tyler, R. W. (1949): *Basic Principles of Curriculum and Instruction*, Chicago, University of Chicago Press.

Vigotsky, L. S. (1978): *Mind in Society: The Development of Higher Psychological Processes* Essays edited by M. Cole, V. John-Steinger, S. Scribner, and E. Souberman, Cambridge, Mass., Harvard University Press.

Walker, D. F. (1974): "A naturalistic model for curriuclum ,development" *School Review* 79, 1: 51-65.

Westbury, I. (1972): "The character of a curriculum for a 'practical' curriculum," *Curriculum Theory Network* 10: 25-36.

Zahorik, I. A. (1975): "Teachers' planning models," *Educational Leadership* 33: 134-139.

찾아보기

인명색인

내용색인

저자 • 역자 소개

저자 〉

Miriam Ben-Peretz Hebrew대학교에서 박사 학위를 취득한 후, 유럽, 미국, 캐나다 등에서 객원 교수 및 강사로 활동하였다. 현재는 Haifa대학교의 교육학과 명예교수로 있다. 관심 분야는 교육과정 연구, 교사와 교육과정 자료의 상호작용, 교육과정 정책과 평가 등이다.

역자 〉

정광순 한국교원대학교 초등교육과를 졸업하였으며, 삼성초등학교 외 3개교에서 12년간 교사로 재직하였다. 현재는 한국교원대학교 초등교육과 교수로 재직하고 있다. 관심 분야는 초등교육, 초등교육과정과 수업이다.

김세영 한국교원대학교 초등교육과를 졸업하였으며, 안룡초등학교 외 1개교에서 6년간 교사로 재직하였다. 현재는 한국교원대학교 초등교육과 박사과정에 있다. 관심 분야는 초등교육, 통합교육과정, 교사와 교육과정이다.

교사, 교육과정을 만나다

2014년 2월 3일 초판 인쇄
2014년 2월 7일 초판 발행

역　자 정광순 김세영
발행자 오동석

발행처 강현출판사
서울 중랑구 숙선옹주로 3길 40 제1호
전화 : 02) 965-4955, 010-5712-9630
등록 : 2007년 5월 21일(제306-2010-5호)
E-mail : oods1205@hanmail.net

♧ 잘못된 책은 교환해 드립니다　　정가 15,000원

ISBN:978-89-94320-41-0